Islamische Namen für muslimische Kinder

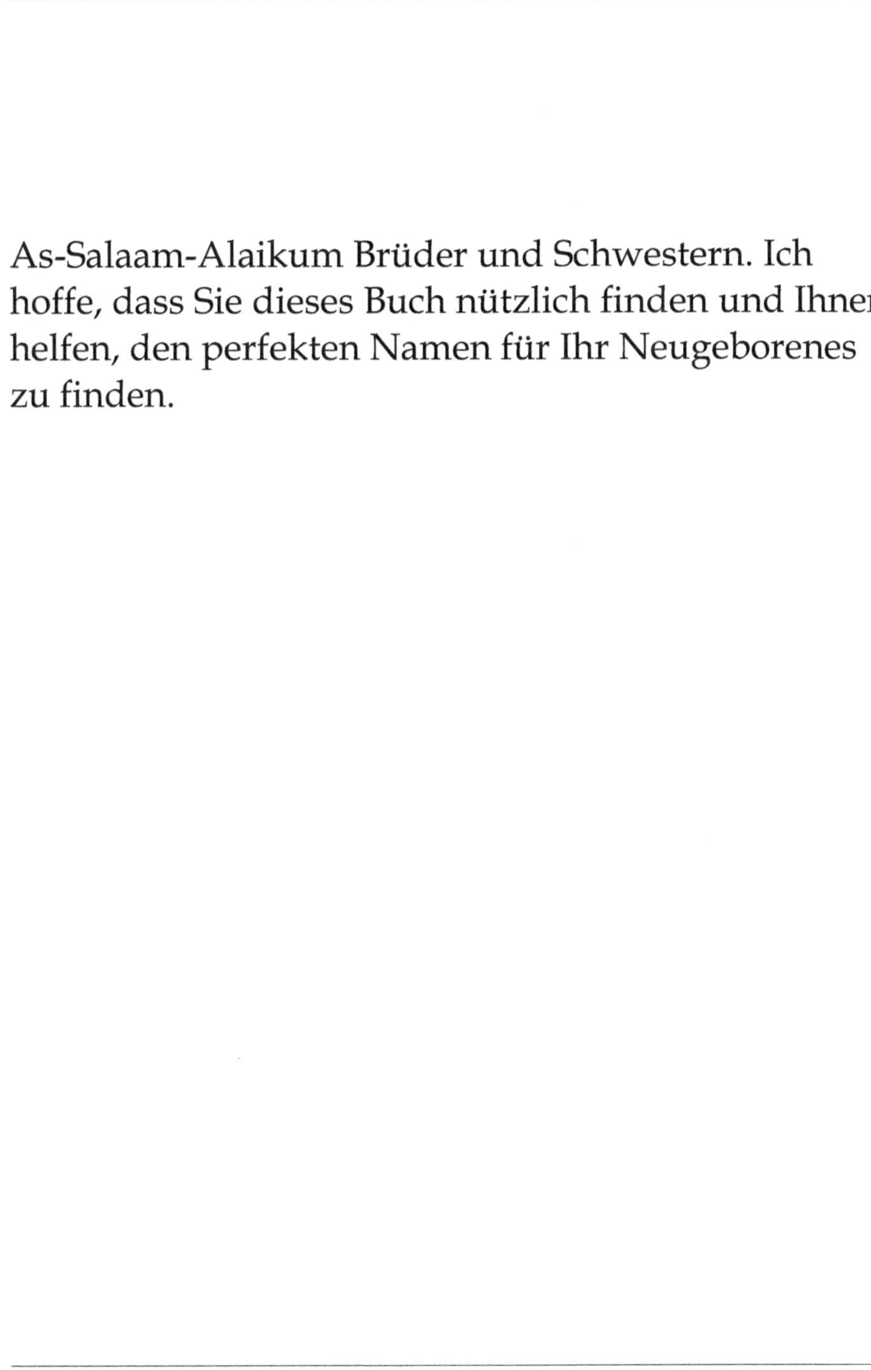

As-Salaam-Alaikum Brüder und Schwestern. Ich hoffe, dass Sie dieses Buch nützlich finden und Ihnen helfen, den perfekten Namen für Ihr Neugeborenes zu finden.

Namen für Jungen

Aaban
Aabdar
Aabdeen
Aabid
Aabis
Aadam
Aadheen
Aadil; Adil
Aafiya
Aafreen
Aaftab; Aftab
Aahil
Aaish
Aakif
Aalam; Alam
Aalee
Aali
Aalim
Aamil
Aamir
Aamirah
Aaqib
Aaqil
Aarib
Aarif
Aariz
Aarzam
Aas
Aashif
Aashiq

Aashir	Abdul Aakhir	Abdul Bari
Aasi	Abdul Aalee	Abdul Barr
Aasif	Abdul Adal	Abdul Baseer
Aasim	Abdul Adl	Abdul Ba'seir
Aatif	Abdul Afuw	Abdul Basir
Aatiq	Abdul A'fuww	Abdul Basit
Aatish	Abdul Ahad	Abdul Batin
Aayid	Abdul Aleem	Abdul Fattah
Aazad	Abdul A'leim	Abdul Ghaffar,
Aazim	Abdul A'leyy	Abdul Ghafur
Abaan	Abdul Ali	Abdul Ghafoor
Abadiya	Abdul Alim	Abdul Gha'neyy
Abadiyah	Abdul Aliyy	Abdul Ghani
Abahh	Abdul Awwal	Abdul Haa'dei
Aban	Abdul Azeem	Abdul Haadi
Abbaad	Abdul Azeez	Abdul Haafiz
Abbaas	Abdul A'zeim	Abdul Hadi
Abbad	Abdul A'zeiz	Abdul Haey'y
Abbas	Abdul Azim	Abdul Hafeez
Abbood	Abdul Aziz	Abdul Ha'feiz
Abbud	Abdul Baa'eith	Abdul Hafiz
Abbudin	Abdul Baa'qei	Abdul Hai
Abd	Abdul Baari	Abdul Hakam
Abd Al-Ala	Abdul Baasid	Abdul Hakeem
Abd Khayr	Abdul Baasit	Abdul Hakeen
Abd us Salam	Abdul Baa'sit	Abdul Ha'keim
Abdah	Abdul Baa'tin	Abdul Hakim
Abdes Shakur	Abdul Ba'deie	Abdul Haleem
Abdnan	Abdul Badi	Abdul Ha'leim
Abdud Daar	Abdul Bais	Abdul Halim
Abdud Daarr	Abdul Baith	Abdul Hameed
Abdul	Abdul Baqi	Abdul Ha'meid

Abdul Hamid
Abdul Hannan
Abdul Haq
Abdul Haqq
Abdul Haseeb
Abdul Ha'seib
Abdul Hasib
Abdul Hayy
Abdul Jaa'mie
Abdul Jabaar
Abdul Jabbar
Abdul Jaleel
Abdul Ja'leil
Abdul Jalil
Abdul Jame
Abdul Jamil
Abdul Jawwad
Abdul Ka'beir
Abdul Kabir
Abdul Kader
Abdul Kafi
Abdul Kareem
Abdul Ka'reim
Abdul Karim
Abdul Khaa'fid
Abdul Khaa'liq
Abdul Kha'beir
Abdul Khabir
Abdul Khabir
Abdul Khafiz
Abdul Khaliq
Abdul Lateef
Abdul La'teif
Abdul Latif

Abdul Maajid
Abdul Maalik
Abdul Maane
Abdul Majeed
Abdul Majid
Abdul Malek
Abdul Malik
Abdul Mani
Abdul Mannan
Abdul Mateen
Abdul Ma'tein
Abdul Matin
Abdul Moakhir
Abdul Mo'eizz
Abdul Moez
Abdul Mo'hai'min
Abdul Mohsi
Abdul Momit
Abdul Mo'qaddim
Abdul Moqit
Abdul Mo'saw'wir
Abdul Mo'ta'kab'bir
Abdul Mubdee
Abdul Mubdi
Abdul Mueed
Abdul Mughni
Abdul Muhaimin
Abdul Muhaymin
Abdul Muh'sei
Abdul Muhsi
Abdul Muhsin
Abdul Muhyee

Abdul Muh'yei
Abdul Muhyi
Abdul Muid
Abdul Muiz
Abdul Muizz
Abdul Mujeeb
Abdul Mujib
Abdul Mumin
Abdul Muntaqim
Abdul Muqaddim
Abdul Muqeet
Abdul Muqsit
Abdul Muq'sit
Abdul Muqtadir
Abdul Muq'tadir
Abdul Musawwir
Abdul Mutaal
Abdul Mutakabbir
Abdul Mutali
Abdul Muti
Abdul Muttalib
Abdul Muzanni
Abdul Nafi
Abdul Naseer
Abdul Nasir
Abdul Nasser
Abdul Noor
Abdul Nur
Abdul or 'Abd
Abdul Qaadir
Abdul Qaa'dir
Abdul Qabiz

Abdul Qadeer
Abdul Qadir
Abdul Qaey'youm
Abdul Qahaar
Abdul Qah'haar
Abdul Qahhar
Abdul Qahir
Abdul Qayyoom
Abdul Qayyum
Abdul Quddoos
Abdul Qud'dous
Abdul Quddus
Abdul Qudoos
Abdul Raafi
Abdul Rabb
Abdul Rafi
Abdul Rahaman
Abdul Raheem
Abdul Rahim
Abdul Rahman
Abdul Raqib
Abdul Rashid
Abdul Rauf
Abdul Ra'uf
Abdul Razzaq
Abdul Rehman
Abdul Sabur
Abdul Salam
Abdul Samad
Abdul Sami
Abdul Sattar
Abdul Shahid

Abdul Shakoor
Abdul Shakur
Abdul Tawwab
Abdul Vajed
Abdul Vakil
Abdul Waahid
Abdul Waali
Abdul Waase
Abdul Wadood
Abdul Wadud
Abdul Wahhab
Abdul Wahid
Abdul Wajid
Abdul Wakil
Abdul Wali
Abdul Waliy
Abdul Waris
Abdul Warith
Abdul Wasi
Abdul Zahir
Abdul, Abdel
Abdul-Aalee
Abdul-Adheem
Abdul-Adl
Abdul-Afuw
Abdul-Ahad
Abdul-Akhir
Abdul-Aleem
Abdul-Ali
Abdul-Alim
Abdul-Aliyy
Abdul-Awwal
Abdul-Azeem
Abdul-Azeez

Abdul-Azim
Abdul-Aziz
Abdul-Baaqi
Abdul-Baari
Abdul-Baasit
Abdul-Badee
Abdul-Badi
Abdul-Baith
Abdul-Baqi
Abdul-Bari
Abdul-Barr
Abdul-Baset
Abdul-Basir
Abdul-Basit
Abdul-Batin
Abdul-Dhahir
Abdul-Fataah
Abdul-Fattah
Abdul-Ghafaar
Abdul-Ghaffar
Abdul-Ghafoor
Abdul-Ghafur
Abdul-Ghani
Abdul-Haady
Abdul-Haafiz
Abdul-Hadi
Abdul-Hafeedh
Abdul-Hafezh
Abdul-Hafiz
Abdul-Hakam
Abdul-Hakeem
Abdul-Hakim

Abdul-Haleem
Abdul-Halim
Abdul-Hameed
Abdul-Hamid
Abdul-Haq
Abdul-Haqq
Abdul-Haseeb
Abdul-Hasib
Abdul-Hayy
Abdul-Jabaar
Abdul-Jaleel
Abdul-Jalil
Abdul-Jamee
Abdul-Jami
Abdul-Kabir
Abdul-Kareem
Abdul-Karim
Abdul-Khaaliq
Abdul-Khabir
Abdul-Khafed
Abdul-Khafid
Abdul-Khaleq
Abdul-Khaliq
Abdullah
Abdul-Lateef
Abdul-Latif
Abdul-Maalik
Abdul-Majeed
Abdul-Majid
Abdul-Malik
Abdul-Mateen
Abdul-Matin

Abdul-Mubde
Abdul-Mubdi
Abdul-Mueez
Abdul-Mu'eid
Abdul-Mughni
Abdul-Muhaimin
Abdul-Muhaymen
Abdul-Muhaymin
Abdul-Muhsi
Abdul-Muhye
Abdul-Muhyi
Abdul-Muiz
Abdul-Mu'izz
Abdul-Mujeeb
Abdul-Mujib
Abdul-Mu'men
Abdul-Mumin
Abdul-Muqaddem
Abdul-Muqaddim
Abdul-Muqset
Abdul-Muqtadir
Abdul-Musawwir
Abdul-Mutaal
Abdul-Muta'alee
Abdul-Mutakabber
Abdul-Mutakabbir
Abdul-Nafee
Abdul-Nafi
Abdul-Nasir
Abdul-Nasser
Abdul-Nur
Abdul-Qaadir

Abdul-Qadir
Abdul-Qadr
Abdul-Qahaar
Abdul-Qahhar
Abdul-Qaiyoum
Abdul-Qawi
Abdul-Qayoum
Abdul-Qayyum
Abdul-Quddus
Abdul-Qudoos
Abdul-Raafi
Abdul-Rafee
Abdul-Rafi
Abdul-Raheem
Abdul-Rahim
Abdul-Rahmaan
Abdul-Raouf
Abdul-Raqib
Abdul-Rasheed
Abdul-Rashid
Abdul-Ra'uf
Abdul-Razaaq
Abdul-Saboor
Abdul-Sabur
Abdul-Sabur
Abdul-Salaam
Abdul-Salam
Abdul-Samad
Abdul-Samee
Abdul-Sami
Abdul-Samie
Abdul-Shahid
Abdul-Shakoor
Abdul-Shakur

Abdul-Tawaab
Abdul-Tawab
Abdul-Tawwab
Abdul-Waahid
Abdul-Waajid
Abdul-Wadood
Abdul-Wadud
Abdul-Wahhab
Abdul-Wahid
Abdul-Wajed
Abdul-Wajid
Abdul-Wakil
Abdul-Waley
Abdul-Wali
Abdul-Wareth
Abdul-Warith
Abdul-Wasee
Abdul-Wasi
Abdul-Zhaher
Abdun Naafe
Abdun Naa'fie
Abdun Nasir
Abdun Noor
Abdun Nou'r
Abdun-Nur
Abdur Rab
Abdur Rabb
Abdur Rafi
Abdur Raheem
Abdur Ra'heim
Abdur Rahim
Abdur Rahman

Abdur Raoof
Abdur Raqeeb
Abdur Raqib
Abdur Rasheed
Abdur Rashid
Abdur Rauf
Abdur Razzaaq
Abdur Razzad
Abdur Razzaq
Abdur Salam
Abdur-Raa'fie
Abdur-Rafi
Abdur-Raheem
Abdur-Rahman
Abdur-Raqeeb
Abdur-Rasheed
Abdur-Rashid
Abdur-Rauf
Abdur-Razzaq
Abdus
Abdus Saboor
Abdus Sabur
Abdus Salaam
Abdus Salam
Abdus Samad
Abdus Sami
Abdus Sattar
Abdus Shafi
Abdus Shahid
Abdus Smad
Abdus Subbooh
Abdus Subhan

Abdus Subooh
Abdush Shafi
Abdush Shaheed
Abdush Shahid
Abdush-Shahid
Abdush-Shakur
Abdus-Sabour
Abdus-Sabur
Abdus-Salaam
Abdus-Samad
Abdus-Sameei
Abdus-Sami
Abdus-Shaheed
Abdus-Shakur
Abdut Tawwab
Abduz Zahir
Abed
Abedin
Abid
Abidin
Abidullah
Abisali
Abood
Abrad
Abraha
Abram
Abrar
Abrash
Abraz
Abreeq
Absar
Absat

Absham
Absi
Abteen
Abt'hi
Abu al Khayr
Abu Ayyub
Abu Bakr
Abu Darda
Abu Dawud
Abu Hanifa
Abu Hurairah
Abu Huzaifah
Abu Isa
Abu Juhafa
Abu Mahzoorah
Abu Masood
Abu Moosa
Abu Saeed
Abu Talha
Abu Talib
Abu Turab
Abu Ubaidah
Abu Yousuf
Abu Zar
Abual Khayr
Abul Alaa
Abul Barakat
Abul Bashar
Abul Farah
Abul Faraj
Abul Fath
Abul Fazl
Abul Haisam
Abul Hasan

Abul Husain	Adnaan	Afzal
Abul Kalam	Adnan	Afzul
Abul Khair	Aduz Zahir	Aga
Abul Khayr	Adyan	Agharr
Abul Mahasin	Aejaz	Aghlab
Abul Qasim	Afaaq	Agrim
Abul Yumn	Afandi	Ahad
Abul Yusr	Afaq	Ahd
Abul-Hassan	Afdaal	Ahdaf
AbulKhayr	Afdal	Ahil
Abuzar	Afeef	Ahkam
Abyad	Affan	Ahlam
Abyan	Afham	Ahmad, Ahmed
Abyaz	Afif	Ahmadullah
Abzari	Afif, Afeef	Ahmar
Adam	Afif-ud-Din	Ahmed
Adan	Afkar	Ahnaf
Adawi	Aflah	Ahraz
Adbul-Qawi	Afraa	Ahsab
Adeeb	Afraz	Ahsan
Adeel	Afridi	Ahtesham
Adeem	Afroz	Ahwas
Adel	Afroze	Ahyan
Adel, Adil	Afsa	Ahzab
Adham	Afsah	Aidh
Adheen	Afsar	Aijaz
Adi	Afsar-ud-Din	Aiman
Adib	Aftab; Aftaab	Aishah
Adil	Aftab-ud-Din	Aiz
Adiy	Aftar	Aizaad
Adl	Afuww	Ajawid
Adli	Afzaal	Ajaz

Ajer
Ajib
Ajlah
Ajmal
Ajtaba
Ajwad
Akalmash
Akbar
Akbar Khan
Akeem
Akfash
Akhas
Akhdan
Akhfash
Akhil
Akhlaq
Akhmas
Akhram
Akhtar
Akhter
Akhund
Akhund Zada
Akhzar
Akif
Akil
Aklamash
Akmal
Akmal
Akram; Akaram
Akshan
Al Abbas
Al Amin
Al Bara
Al Burhan

Al Faiz	Ali , Ali, Aliyy	Amam
Al Hakam	Ali Asghar	Aman
Al Harith	Ali Hamza	Amanat
Al Mamoon	Ali, 'Ali, 'Aliyy	Amani
Al Rafi	Alibaba	Amanuddin
Al Safi	Alif	Amanullah
Al Siddiq	Alih	Ameen
Al Tahir	Alim	Ameer
Al Tayyib	Allah Bakhsh	Amenoolah Khan
Al Tijani	Allahbukhsh	Amer
Al Tufail, Al Tufayl	Allahditta	Amid
Ala	AllahrakhaAmanullah	Amiduddawlah
Ala al Din		Amin, Ameen
Alaa	Allal	Aminuddin
Alaa Udeen	Allam	Amir, Ameer
AlAbbas	Almahdi	Amirr
Aladdin, Ala al din	Alman	Amjaad
Alaleem	Almas	Amjad
Alam	Almir	Amlah
Alamgeer	Altaf	Ammaar
Alamgir	Altaf Hussain	Ammar, Ammar
Ala-ud-Din	Altair	Ammar, 'Ammar
Alawi	Altamash	Amr
Aleef	Alwaz	Amro
Aleem	Aly Khan	Amru
Aleemuddin	Alyasaa	Amrullah
Aleem-ul-Huda	Amaan	Amzad
Alhad	Amaanat	Anahid
Alhan	Amaanullah	Anam
Alhasan	Amaar	Anan
Alhazar	Amad	Anas
Alhusain; Alhusayn	Amal	Anasah

Anbar
Aneeq
Anees
Aniq
Anis
Aniya
Anjam
Anjum
Anjuman
Anna
Annnees
Ansar
Ansari
Antar
Antarah
Anwaar
Anwar
Anwarulkarim
Anwerus Sadat
Anzar
Aqdas
Aqeel
Aqeil
Aqib
Aqil
Aqleem
Aqmar
Aqqad
Aqrab
Arab
Arafaat
Arafat
Araiz
Araysh

Arbaaz	Arwarh	Ashiq Muhammad
Arbab	Aryan	Ashja
Arbad	Arzan	Ashkan
Ardam	Arzang	Ashmath
Areeb	Arzu	Ashnad
Areef	Asaad	Ashqar
Areej	Asad	Ashraf
Arees	Asadel	Ashras
Aref; Arif	Asadullah	Asif
Arfaa	Asar	Asil
Arfan	Asbagh	Asim
Arhab	Asbat	Asir
Arham	Aseed	Askar
Arif	Aseel	Askari
Arikah	Aseer	Asla
Arjmand	Asfa	Aslam
Arjumand	Asgar	Asma
Arkaan	Asghar	Asmar
Arkan	Asha'as	Asooda
Armaan	Asha'ath	Asra
Arman	Ashab	Asrar
Arqam	Ash'ab	Asrar
Arsal	Ashaj	Astan
Arsalaan	Ashar	Aswad
Arsalan	Ashaz	Ata
Arsh	Asheem	Ata al Rahman
Arshad	Ashfaq	Ata Allah
Arshaq	Ashhal	Ata, Ataa
Arslan	Ashhar	Atabuk
Arsylan	Ashim	Atallah
Artah	Ashiq	Ataubaq
Arwah	Ashiq Ali	Ataullah

Ataur Rahman
Ateeb
Ateeq
Athar
Athazaz
Atheer
Athil
Athir
Atif
Atiq
Atir
Attar
Attiq
Atuf
Atyab
Aula
Aurang
Aurangzeb
Aus
Ausaf
Avid
Awad
Awais
Awaiz
Awan
Awanah
Awf
Awn
Awni
Aws
Awwab
Awwal
Ayaat
Ayaaz

Ayat
Ayatullah
Ayaz
Aybak
Aydin
Ayesh
Ayham
Ayman
Ayn
Aynul Hasan
Aynul Hayat
Aynun Naim
Ayoob
Ayser
Ayub
Ayub Khan
Ayub
Ayyad
Ayyash
Ayyoob
Ayyub
Ayyub, Ayoob
Aza
Azaam
Azaan
Azab
Azad
Azain
Azam
Azb
Azbak
Azeem, Azim

Azeez
Azeez; Aziz
Azfar
Azfer
Azghan
Azhaar
Azhaf
Azhar
Azharan
Azhmeer
Azim
Aziz
Azizullah
Azlan
Azli
Azmat
Azmeer
Azmi
Azraf
Azraq
Azraqi
Azud
Azududdin
Azzaam
Azzam
Baadi
Baahi
Baahir
Baaligh
Baar
Baare
Baari

Baariq
Baasim
Baasir
Baasit
Babar
Baber
Badeeh
Badi
Badiul Alam
Badiuz Zaman
Badiy
Badr
Badr al Din
Badr Udeen
Badran
Badr-e-Alam
Badrud Duja
Badruddin
Baghawi
Baha
Baha al Din, Bahiyy
Baha Udeen
Baha
Bahauddin
Baheej
Baheen
Baheer
Bahhas
Bahi
Bahij
Bahili
Bahir

Bahiy Udeen
Bahiyud Din
Bahjat
Bahlawan
Bahlul
Bahram
Bahu
Bahz
Baid
Bais
Bajala
Bajeel
Bakeet
Bakhit
Bakhsh
Bakht
Bakhtari
Bakhtawar
Bakhtiyar
Bakhtiyar
Bakir
Bakkar
Bakr
Bakri
Bakur
Balagh
Baleegh
Baleel
Baligh
Balj
Bandar
Baqa
Baqai
Baqar

Baqee
Baqi
Baqir
Bar
Bara
Barakah
Barakat
Barakatullah
Baraq
Bareed
Bareeq
Baresham
Barhi
Bari
Barii
Barir
Barkat
Barni
Barqash
Barr
Barraq
Basaam
Basair
Basan
Basaud
Baseem
Baseer
Baseerat
Baseet
Basel
Basem
Bashaar

Bashar
Basharat
Basheer
Bashir
Bashshar
Basil
Basim, Bassam
Basiq
Basir
Basit
Basman
Basool
Basr
Basrah
Bassam, Basim
Batal
Batin
Bayan
Bayazid
Bayhas
Baz
Bazam
Bazan
Bazikh
Bazil
Bazir
Bazish
Bazl
Bazlur Rahman
Bedar
Bedaruddin
Beg

Behlol
Behr
Behroz
Behzad
Beram
Bihar
Bihzad
Bilal
Bina
Binyamin,
Benyamin
Bishr
Bostan
Boulos
Budail, Budayl
Budayr
Bujair
Bukhari
Buland
Bulbul
Bulhut
Buqrat
Burak
Buraq
Burayd
Buraydah
Burhaan
Burhan
Burhan-ud-Din
Bushr
Busr
Butrus

Changez
Cheekoo
Daafi
Daai
Daamin
Daamir
Daanish
Daanyal
Daawood
Dabbah
Dabir
Daboor
Dafiq
Daghfal
Dahbal
Dahhak
Dahi
Daib
Daif
Daifallah
Daim
Daiyan
Dakheel
Dakhil
Dalaj
Daleel
Daler
Dalil
Damdam
Dameer
Damian
Damurah
Dana
Dani

Daniel
Danish
Daniyal
Danyal
Dara
Darakhshan
Darim
Daris
Darman
Darraj
Darrak
Darvesh
Darwish
Dastagir
Dastgir
Daud
Da'ud, Dawud
Daudi
Dawar
Dawid
Dawlah
Dawood
Dawoud
Dawud
Dayim
Daylam
Dayyan
Dean
Deenar
Dhaafir
Dhaahir
Dhaakir

Dhaki
Dhakir
Dhakiy
Dhakwan
Dhareef
Dharr
Dhiya
Dhul
Dhul Fiqaar
Dhul Fiqar
Didar
Dihyah
Dihyat
Dil
Dil Nawaz
Dilafroz
Dilawar
Dilbar
Dildar
Dilnawaz
Dilshad
Din
Dina
Dinar
Dirar
Diwan
Diwan Muhammad
Diya
Diya al Din
Diyaa Udeen
Diyanat
Diyari

Dizhwar
Dost
Dost Muhammad
Duha
Dulamah
Duqaq
Durrah
Dyab
Ebrahim
Ehan
Ehsaan
Ehsaas
Ehsan
Ehtisham
Eijaz
Eitzaz
Ejaz
Ekbal
Ekhlaq
El-Amin
Elias
Emir
Emran
Esam, Essam
Eshaan
Eshan
Esmail
Faadi
Faadil
Faaid
Faaiq
Faaiz

Faakhir
Faalih
Faaris
Faarooq
Faateh
Faatih
Faaz
Fadil
Fadl
Fadl Ullah
Fadwa
Faeq
Fahd
Fahd, Fahad
Faheem
Fahim
Fahmi
Fahyim
Faid
Faik
Faiq
Faird
Faisal, Faysal
Faiyaz
Faiz
Faizaan
Faizan
Faizeen
Faiz-e-Rabbani
Faizi
Faizul Anwar
Faizullah
Fajahat
Fajaruddin

Fajer	Farazdaq	Faruq, Farooq
Fajr	Fard	Farwah
Fakaruddin	Fardeen	Fasahat
Fakeeh	Fardeen; Fardin	Faseeh
Fakheem	Fare	Fasih
Fakhir	Fareed	Fasih Ur Rahman
Fakhiri, Fakhry	Fareez	Fasikh
Fakhr	Farhaan	Fastiq
Fakhr al Din	Farhad	Fatan
Fakhri, Fakhry	Farhal	Fateen
Fakhr-ud-Dawlah	Farhan	Fateenah
Fakhruddin	Farhat	Fateh
Fakhr-ud-Din	Fari	Fath
Fakhrul	Farid, Fareed	Fathi
Fakhry	Fariduddin	Fathullah
Fakih	Farih	Fatih
Falah	Fariq, Fareeq	Fatik
Faleh	Faris	Fatin
Falih	Fariz	Fatin, Fateen
Faliq	Farjad	Fattah
Faqeed	Farman	Fattooh
Faqeeh	Farmanullah	Fawad
Faqih	Farook	Fawaz
Faqir	Farookh	Fawwaaz
Farafisa	Farooq	Fawwaz
Farah	Farooque; Farokh	Fawz
Farahat	Farouk	Fawzan
Faraj, Farraj	Farqad	Fawzi
Farajallah	Farraj	Fawzy
Faraqlit	Farras	Fayaaz
Farasat	Farrukh	Fayaz
Faraz	Farukh	Fayd

Fayek
Fayruz
Faysal
Fayyaad
Fayyad
Fayyadh
Fayyah
Fayyaz
Fayz
Fayzan
Fayzee
Fayzul Haq
Fazal
Fazalah
Fazan
Fazeelat
Fazil
Faziuddin
Fazl
Fazle Ilahi
Fazle Mawla
Fazle Rab
Fazle Rabbi
Fazli
Fazlullah
Fazulul Haq
Ferdows; Firdows
Feroz
Ferran
Fiam
Fida
Fidaa
Fiddah
Fidyan

Fikhar
Fikri
Firaas
Firas
Firasah
Firasat
Firdaus
Firdos
Firdose
Firdoze
Firoze; Firoz
Firyal
Fizan
Fizza
Fouad, Fuad
Fravash
Fuaad
Fuad
Fudail
Fudayl
Fujai
Furays
Furoogh
Furozh
Furqaan
Furqan
Furqau
Futteh Khan
Futuh
Fuwad
Fuzail
Gabir

Gadi
Galal
Gamal, Gamali
Gauhar
Ghaali
Ghaalib
Ghaamid
Ghaazi
Ghaffar
Ghafir
Ghafur
Ghais
Ghaith, Ghayth
Ghaiyyas
Ghali
Ghalib
Ghallab
Ghamir
Ghanem
Ghani
Ghanim
Ghannam
Ghannan
Ghaous
Gharib
Ghasaan
Ghashiah
Ghassaan
Ghassan
Ghaus
Ghauth
Ghawth

Ghaylan
Ghayoor
Ghayth
Ghayur
Ghayyath
Ghazalan
Ghazanfar
Ghazawan
Ghazi
Ghazir
Ghazwan
Ghazzal
Ghazzali
Ghiyaath
Ghiyas
Ghiyas-ud-Din
Ghiyath
Ghiyath
Ghofran
Ghufran
Ghulam, Gulam
Ghulam-Khan
Ghunaim
Ghunayn
Ghusharib
Ghusun
Ghutaif
Ghutayf
Gohar
Guda
Gul
Gulab

Gulam
Gulbar
Gul-e-Rana
Gulfam
Gulsan
Gulshan
Gulzar
Gurdana-Khan
Haadee
Haady
Haafil
Haafiz
Haajid
Haamid
Haani
Haaris
Haarith
Haaroon
Haashid
Haashim
Haashir
Haatim
Haazim
Haaziq
Habab
Habash
Habbab
Habeeb
Habeebullah
Habeel
Habib
Habibullah
Habis
Hadad

Hadaya
Haddad
Hadee
Hadi
Hadid
Hadir
Hadis
Hadrami
Hafeez
Hafi
Hafid
Hafiz
Hafizullah
Hafs
Haidar
Haider Bux
Haikal
Haitham
Haiyy
Haji
Hajib
Hajjaj
Hajveri
Hakam
Hakeem
Hakeem, Hakim
Hakem
Hakim
Hakim, Hakeem
Haleef
Haleem
Halif

Halim
Hallaj
Halwani
Hamad
Hamadullah
Hamal
Hamas
Hamd
Hamdaan
Hamdan
Hamdast
Hamdhy
Hamdi
Hameed
Hameedullah
Hameem
Hamham
Hami
Hamid
Hamidullah
Hamim
Hamiz
Hammad
Hammam
Hammouda
Hammud
Hamood
Hamoud
Hamraz
Hamshad
Hamud
Hamza

Hamzad
Hamzah
Hana
Hanai
Hananan
Hanash
Hanbal
Haneef
Hani
Hanif
Hanifah
Hanifud Din
Hanin
Hanlala
Hannad
Hannan
Hanoon
Hanzalah
Haq
Haqq
Haqqani
Haqqi
Haraam
Hareef
Hareem
Harim
Harir
Haris
Haris, Hares
Harisah
Harith
Hariz

Harmalah
Haroon
Haroun, Harun
Harun
Harun Al Rashid
Hasan
Hasanat
Haseeb
Haseef
Haseen
Haseen
Hasham
Hashash
Hasher
Hashid
Hashim
Hashimi
Hashir
Hashmat
Hasib
Hasif
Hasim
Hasin
Hasnain
Hassaan
Hassam
Hassam-ud-Din
Hassan
Hassib
Hasson
Hatam
Hatem
Hatib
Hatif

Hatim
Hatim
Hawshab
Hayaat
Hayat
Hayder
Hayee
Haysam
Haytham
Hayy
Hayyam
Hayyan
Hazim
Hazim
Hazim, Hazem
Haziq
Hazir
Hazm
Hazrat
Henna
Hesam
Hiba
Hibah
Hibatullah
Hibbaan
Hibban
Hidayat
Hidayat-ul-Haq
Hifzur Rahman
Hikmat
Hilaal
Hilal

Hilal, Hilel
Hilali
Hilmi
Himayat
Himmat
Hirz
Hishaam
Hisham
Hissan
Homair
Hooman
Hosaam
Houd
Houda
Hozaifah
Hub
Hubaab
Hubaish
Hubayl
Hud, Houd
Huda
Hudad
Hudhafah
Hudhaifa
Hudhaifah,
Hudhayfah
Hujayyah
Hujjat
Hulayl
Humaid
Humaidaan
Humair

Humam
Humamuddin
Humayd
Humayl
Humayu; Humayun
Humayun
Humd
Humza
Hunayn
Hunayn
Huraira
Hurairah
Hurayra
Hurays
Hurayth
Hurmat
Hurrah
Husaam
Husaam Udeen
Husaam
Husain, Hussein
Husam
Husam al Din
Husamuddawlah
Husamuddin
Husayn
Husayn, Husein
Husayni
Husnan
Husni
Hussain
Hussein

Huthaya
Huthayfa
Huzaifa
Huzaifah
Huzair
Huzayfa
Huzayfah
Huzayl
Hyat
Ibaad
Ibn
Ibn Sina
Ibraheem
Ibrahim, Ibraham
Ibtisam
Id
Idrak
Idrees
Idris
Iesa
Ifran
Iftekhar
Iftikhar
Iftikhar-ud-Din
Iftikharus Sadat
Ifzal
Ihaab
Ihab
Ihsaan
Ihsan
Ihsanul Haq
Ihtesham
Ihtiraam
Ihtiram

Ihtisham	Imaad	Iqbal
Ihtsham	Imaan	Iqmal
Ijaz	Imad	Iqraam
Ijazul Haq	Imad al Din	Iqrit
Ijlal	Imaduddin	Iqtidar
Ijli	Imam	Iravat
Ikhlaas	Imdad	Irfaan
Ikhlas	Immad	Irfan
Ikhtiyar	Imraan	Irshad
Ikleel	Imran	Irtiza
Iklil	Imran-Khan	Irtiza Husain
Ikram	Imtiaz	Isa, Eisa
Ikram-ul-Haq	Imtiyaz	Isaam
Ikramullah	Inaam	Isaar
Ikrima	Inam	Isabhani
Ikrimah	Inamul Haq	Isad
Iksir	Inas	Isam
Ilaahi	Inayat	Isam, Isam, Issam
Ilahi	Inayatuddin	Isbahani
Ilahi Bakhsh	Inayatullah	Ishaaq
Ilan	Inayatur Rahman	Is-haaq
Ilash	Iniat	Ishaq
Ilderim-Khan	Insaf	Ishâque
Ilham	Insar	Ishat
Ilias	Inshaf	Ishayu
Ilifat	Inshirah	Ishfaq
Illiyas	Intaj	Ishir
Iltifat	Intakhab	Ishrat
Ilyaas	Intikhab	Ishtaq
Ilyas	Intisar	Ishtiyaq
Imaad	Intizar	Iskafi
Imaad Udeen	Inzamam	Iskandar

Islah
Islam
Ismaael
Ismad
Ismaeel
Ismah
Ismail
Ismat
Isra
Israail
Israfil
Israil
Israr
Issar
Istakhri
Istifa
Itakh
Itban
Ithaar
Itidal
Itimad
Iyaad
Iyaas
Iyaaz
Iyad
Iyali
Iyas
Izaan
Izaz
Izazuddawlah
Izhar
Izyan
Izz
Izz al Din

Izz Udeen
Izzaddeen
Izzat
Izzuddin
Jaabir
Jaad
Jaadallah
Jaafar
Jaan
Jaarallah
Jaasim
Jaasir
Jabal
Jabalah
Jabbar
Jabbar, Jabr
Jabber
Jabez
Jabir
Jabr
Jad
Jad Allah
Jadallah
Jadil-Haqq
Jadwal
Jafar, Jafar
Jaffar
Jaffer
Jah
Jahan
Jahanafirin
Jahangir

Jahangir-Khan
Jahanzeb
Jahdami
Jahdari
Jaheer
Jahid
Jahiz
Jahm
Jahsh
Jal
Jalaal
Jalal
Jalal al Din
Jalal-ud-Din
Jaleb
Jaleel
Jalees
Jalib
Jalil
Jalil, Jaleel
Jalis
Jam, Aan
Jamaal
Jamaal Udeen
Jamal
Jamal al Din
Jamal-ud-Din
Jameel
Jamesha
Jami
Jamil
Jamil, Jameel

Jammaz
Jamshed
Jamuh
Jan
Jan Muhammad
Janasheen
Janayd
Jandarah
Jan-e-Alam
Jansher-Khan
Jaraah
Jareed
Jareer
Jari
Jarir
Jariya
Jariyah
Jarood
Jarrar
Jarullah
Jasar
Jasim
Jasim-ud-Din
Jasir
Jasiyah
Jasmir
Jasoor
Jassur
Jasur
Jauhar
Jaul
Jaun

Javaid
Javed
Javeed
Javier
Jawaad
Jawad
Jawahir
Jawaid
Jawan
Jawdah
Jawdat
Jaweed
Jawhar
Jawwad
Jazam
Jazib
Jazlaan
Jeelan
Jhanda
Jibrail
Jibran
Jibril
Jihaad
Jihad
Jiyaad
Jiyad
Jnab
Jnhih
Juail
Juayl
Jubair
Jubair, Jubayr
Jubayr
Juda

Juday
Jugnu
Juhaym
Jul
Julaybib
Juma'
Jumah, Jumuah
Jumail
Jumanah
Jummal
Junaid
Junaid, Junayd
Junayd
Jundub
Jurayj
Jurhad
Jusamah
Juthamah
Juwain, Juwayn
Juyal
Juzar, Joozher,
Joozhar, Zuzer
Kaab
Kaalim
Kaamil
Kaarim
Kaashif
Kab
Kabaark
Kabeer; Kabir
Kabir
Kadar, Kedar

Kadeem
Kadeen, Kadin
Kadeer, Kadir
Kadir
Kafee
Kafeel
Kafi
Kafil
Kahil
Kahill
Kaif
Ka'im
Kaisan
Kaiser
Kajji
Kala
Kalam
Kalan
Kalbi
Kaleem
Kaleema
Kalim
Kalim-ud-Din
Kalimullah
Kaliq
Kamaal
Kamaaluddeen
Kamal
Kamaluddin
Kameel
Kamil
Kamil, Kameel

Kamran
Kanaan
Kanaz
Karam
Karamah
Karamat
Karamullah
Kardal
Kardar
Kareem
Karif, Kareef
Karim, Kareem
Karmani
Karoobi
Karrar
Karukar
Kasam
Kasar
Kaseem, Kasim
Kaseer
Kashan
Kashef
Kashif
Kasib, Kaseeb
Kasim
Kasir
Kateb, Katib
Katheer
Kathe-Khan
Kathir
Kaukab
Kausar

Kawkab
Kawthar
Kayani
Kayid
Kaykaus
Kaysan
Kazi
Kazim
Keyaan
Khaalid
Khabbab
Khabeer
Khabir
Khader
Khadim
Khafid
Khafiz
Khair
Khair al Din
Khair Udeen
Khairat
Khairi
Khairi, Khairy, Khayri
Khairuddin
Khairul Bashar
Khairy
Khairy, Khayri
Khalaf
Khalaf Hasan
Khalam
Khaldoon
Khaldun
Khaldun, Khaldoon
Khaleed

Khaleefa	Khayr	Khuzaimah,
Khaleel	Khayri	Khuzaymah
Khaleeq	Khayrullah	Khuzayma
Khalfan	Khayyam	Khuzaymah
Khalid	Khayyat	Khwaja
Khalid Bin Walid	Khayyir	Kibria
Khalid, Khaled	Khazin	Kifah
Khalifa	Khidash	Kifat
Khalifah	Khidr	Kifayat
Khalig	Khirash	Kinza
Khalil	Khizar	Kishwar
Khalil al Allah	Khizr	Kohinoor
Khalil, Khaleel, Kal	Khoury	Kudrat
Khalilullah	Khubaib	Kulsoom
Khalilur	Khubayb	Kulthum
Khaliq	Khuda Bakhsh	Kunmayl
Khaliqus Subhan	Khulaidah	Kurayb
Khaliquz Zaman	Khulaifah	Kursheed
Khalis	Khulayd	Kutaiba
Khallad	Khulud	Kuukburi
Khallaq	Khulus	Labeeb
Kharijah	Khunays	Labeed
Khashi	Khuram	Labib, Labeeb
Khasib	Khuraym	Labid
Khateeb	Khuraymah	Lablab
Khatib	Khurram	Laeeq
Khatir	Khursheed	Lahab
Khawar	Khurshid	Laham
Khawli	Khush Bakht	Lahi'ah
Khawwas	Khusham	Laiq
Khawwat	Khushtar	Lais
Khayaam	Khusraw	Laith

Lajlaj
Lakshman-Khan
Laman
Lame
Lamee
Lam'I, Lamee
Laqeet
Laraib
Laskhar
Latafat
Lateef
Latif
Layeeq
Layth
Layyin
Layzal
Lazim
Liaqat
Liaquat
Liban
Limazah
Lisan
Lisanuddin
Liyaqah
Liyaqat
Lodhi
Lu'ay
Lubaid, Lubayd
Luqmaan
Luqman
Lut
Lutf
Lutfi
Lutf-ul-Baari

Lutfullah
Lutf-ur-Rahman
Luwai
Maad
Maahi
Maahir
Maaiz
Maajid
Maali
Maalik
Maarij
Ma'awiya
Maaz
Maazin
Mabad
Mabarak
Mabruk
Mad
Ma'dan
Madani
Madhat
Madi
Madih
Madyan
Mahad
Mahasin
Mahaz
Mahbeer
Mahboob
Mahbub
Mahbubullah
Mahd

Mahdi
Mahdy
Maheen
Maher
Mahfooz
Mahfuj
Mahfuz
Mahfuzur Rahman
Mahib
Mahir
Mahja
Mahjub
Mahmood;
Mahmoud;
Mahmud
Mahrus
Mahud
Mahuroos
Mahzuz
Maimun, Maymun
Maisara
Maisoon
Maisur
Majd
Majd al Din
Majd Udeen
Majdi
Majduddin
Majdy
Majeed
Majid
Majid al Din

Maka-Khan
Makarram-Khan
Makeen
Makhdoom
Makin
Makki
Makram
Maleek
Malih
Maluf
Ma'mar
Mamdooh
Mamdouh,
Mamduh
Mamnoon
Mamoon
Mamoor
Mamun
Ma'n
Manaf
Manal
Mandhur
Mangal
Manhal
Mani
Mannan
Manoshan
Mansha
Manshoor
Mansoor
Mansooruddin
Mansour

Mansur
Mansur-Khan
Manus
Manzar
Manzoor
Maqadar
Maqbool
Maqbul
Maqeem
Maqil
Maqsood
Maqsud
Maram
Maraqab
Marghoob
Marghub
Marid
Markooz
Maroof
Marsad
Maru'deen.
Maruf
Marufirah
Marwaan
Marwan
Marzooq
Marzouq
Marzuq
Masarrat
Maseeh
Maseehuzzaman
Mashal
Masheer
Mashhood

Mashhud	Mazharul Haq	Miqdaad
Mashhur	Mazid	Miqdaam
Mashkoor	Mazin	Miqdad
Mashkur	Mazkoor	Miqdam
Masir	Mazur	Mir
Maslama	Mehboob	Mir Jahaan
Masood	Meherdad	Miraj
Masoud	Mehmood	Miran
Masroor	Mehmud	Mirsab
Masruq	Mehtab	Mirza
Masrur	Mehul	Misal
Mastoor	Mekka	Misam
Masud	Mensur	Misaq
Masum	Merdasan	Misbaah
Masun	Meryam	Misbah
Mateen	Mibsam, Mebsam	Misbahuddin
Matin	Midlaj	Misfar
Matloob	Miftah	Mishaal, Mishal
Maudad	Mifzal	Mishaari
Mausoof	Mihran	Miskeen
Mawahib	Mihyar	Mistah
Mawdood	Mika	Miyaz
Mawdud	Mikaeel	Mizan
Mawhoob	Mikail	Mizanur Rahman
Mawla	Mikayeel	Moazzam
Mawsil	Mikhail	Mobeen
Maymun	Mimar	Moeen
Maysarah	Mimrah	Moeen ud din
Mazeed	Minhaj	Moeez
Mazhar	Minhajuddin	Moemen
Mazhar-ud-Din	Minnat	Moez
Mazharul	Minnatullah	Mohammad

Mohammed
Mohd. Khaleel
Mohd.Ibraham
Mohid
Mohsin
Moidul
Moin
Moin-Khan
Mokbul
Momin
Moosa
Moosha
Mostafa
Motabir
Mo'tasim
Motaz
Mounir
Mourad
Muaaid
Muaath
Muaawiya
Muad
Muadh
Mu'afa
Mu'alla
Mu'allim
Muammar
Muammer
Mu'attib
Muawin
Muawiyah
Muawwaz
Muawwiz
Muayid

Muayyad	Mufarrij	Muhibullah
Muaz	Mufazzal	Muhit
Muazzam	Mufid, Mufeed	Muhiyuddin
Mubajjal	Mufiz	Muhriz
Muballigh	Muflih	Muhsin
Mubarak	Mufti	Muhsin
Mubaraq	Mughis	Muhtadi
Mubashar	Mughith	Muhtady
Mubashir	Mughni	Muhtashim
Mubashshir	Muhaajir	Muhyddeen
Mubassir	Muhab	Muhyi
Mubayyin	Muhaddas	Muhyi al Din
Mubeen	Muhafiz	Muid
Mubid	Muhafiz-ud-Din	Muin
Mubin	Muhaimin	Mu'in/Mu'een
Mubtasim	Muhair, Muhayr	Muinuddawlah
Mudabbir	Muhajir	Mu'inuddeen
Mudar	Muhammad,	Muinuddin
Mudasir	Mohammed	Muinul Islam
Mudasser	Muhammed Bachal	Muiz
Muddassir	Muhammed Bux	Muizz
Muddaththir	Muhanna	Muizzuddawlah
Muddsar	Muhannad,	Muizzuddin
Mudhakkir	Muhanned	Mujaahid
Mudrik	Muharrem	Mujab
Mueen	Muharrim	Mujaddid
Mueez	Muhazzab	Mujahid
Mufaad	Muhdee	Mujammil
Mufaddal	Muheet	Mujazzir
Mufakhar	Muhib	Mujazziz
Mufakkir	Muhibb	Mujeeb
Mufallah	Muhibuddin	Mujib

Mujibur
Mujir
Mujtaba
Mujtahid
Mukafih
Mukammil
Mukarram
Mukhallad
Mukhlis
Mukhtaar
Mukhtar
Mukhtarul Haq
Muktafi
Mukthadir
Mulayl
Mulham
Mulhim
Mulk
Mulla
Mumin, Moomin
Mummar
Mumtaz
Munadi
Munadil
Munaf
Munahid
Munaim
Munasir
Munawwar
Mundhir
Muneeb
Muneef
Munib
Munif

Munim
Munir, Muneer
Muniruzzaman
Munis
Munjid
Munkadir
Munna
Munqad
Munqiz
Munsif
Muntaha
Muntahakhan
Muntaqim
Muntasir
Muntazar
Muntazir
Munthir
Munzir
Muqaddas
Muqaffa
Muqarrab
Muqatadir
Muqbil
Muqeet
Muqla
Muqsit
Muqtadi
Muqtadir
Muqtafi
Muqtasid
Murabbi
Murad

Murarah
Mursal
Murshid
Murtaad
Murtada, Murtadi,
Murtadhy
Murtadaa
Murtadi, Murtadhy
Murtaza
Musa, Moosa
Musaaid
Mus'ab
Musad
Musaddiq
Musaid
Musawwir
Museeb
Musharraf
Musharrif
Musheer
Mushfiq
Mushir
Mushir-ul-Haq
Mushtaaq
Mushtaq
Musir
Musleh
Muslih
Muslihuddin
Muslim
Mussarrat
Mustaba

Mustaeen
Mustafa Kamal
Mustafa, Mustaffa
Mustafavi
Mustafeed
Mustafiz
Mustahfiz
Mustahsan
Mustajab
Mustakfi
Mustakim
Mustali
Mustamsik
Mustaneer
Mustanjid
Mustansir
Mustaq
Mustaqeem
Mustaqim
Mustarshid
Mustasim
Mustatab
Mustazhir
Mustazi
Muta
Muta Ali
Mutaa
Mutad
Mutahhar
Mutahhir
Mutakabbir
Mutali

Mutamad
Mutamakan
Mutamid
Mutamin
Mutammam
Mutammim
Mutaqid
Mutashim
Mutasim
Mutawakkil
Mutawalli
Mutawassit
Mutaygab
Mutayyib
Mu'taz
Mutazid
Mutazz
Mutee
Muthanna
Muti
Mutiul Islam
Mutiur Rahman
Mutlaq
Muttalib
Muttaqi
Muttee
Muwafaq
Muwaffiq
Muyassar
Muzaffar
Muzaffaruddin
Muzahir
Muzahiruddin
Muzakkir

Muzammil	Nadheer	Najeed
Muzammil	Nadhir	Najeeh
Muzhir	Nadiha	Najeem
Muzzammi	Nadim	Najeh
Muzzammil	Nadim, Nadeem	Naji
Naabih	Nadir	Najib, Najeeb
Naadir	Nadira	Najib-ud-Din
Naaif	Nadqid	Najibullah
Naa'il	Nadr	Najid
Naaji	Naeb	Najih
Naajy	Naeem	Najillah
Naase	Naeemullah	Najiullah
Naasif	Naef	Najiyy
Naasih	Nafasat	Najjar
Naasiruddeen	Nafe	Najji
Naathim	Nafee	Najm
Naazil	Nafees	Najm al Din
Naazim	Nafi	Najm Udeen
Nabeeh	Nafis	Najmuddawlah
Nabeel	Nahi	Najmuddin
Nabhan, Nabih	Nahid	Nakir
Nabi Bakhsh	Naib	Naman
Nabi Bux	Naif	Namdar
Nabi	Naif Na'il	Nameer
Nabibukhsh	Naim	Namik
Nabigh	Najaf	Namir
Nabigha	Najah	Namood
Nabighah	Najair	Naqeeb
Nabih	Najam	Naqi
Nabil, Nabeel	Najat	Naqib
Nabiullah	Naje	Naqid
Nadeem	Najeeb	Naqit

Naqiy
Naqqaash
Naseef
Naseem
Naseer
Naseeruddin
Naseh
Nashah, Nashat
Nashat
Nasheet
Nashi
Nashir
Nashit
Nashwan
Nasib
Nasif
Nasih
Nasihuddin
Nasim
Nasimuddin
Nasim-ul-Haq
Nasir
Nasir al Din
Nasir; Naseer
Nasirah
Nasiruddin
Nasmi
Nasr
Nasr, Nasser
Nasrallah
Nasri
Nasruddin
Nasrullah
Nassaar

Nasser
Nasser Udeen
Nasuh
Natheer
Natiq
Nauman
Naushad
Naveed
Navid; Naved
Navroz
Nawaar
Nawab
Nawaf, Nawwaf
Nawal
Nawaz
Naweed
Nawf
Nawfal
Nawshad
Nawwaf
Nayab
Nayif, Naif
Nayyar
Nazakat
Nazan
Nazar
Nazeef
Nazeeh
Nazeer
Nazif
Nazih
Nazih, Nazeeh

Nazim, Nazeem
Nazimuddin
Nazir
Nazmi
Nazzeer
Neeshaan
Nehan
Niaz
Niazi
Nibras
Nidal
Nihal
Nijad
Nilabh
Nimat
Nimatullah
Nimr
Nisar
Nishaaj
Nishat
Nithar
Niyaz
Nizaam
Nizaar
Nizal
Nizam
Nizamat
Nizami
Nizamuddin
Nizam-ul-Mulk
Nizar
Nizzar

Nokhez
Noman
Nooh
Noor
Noor Muhammad
Noor Udeen
Noorali
Noori
Nooruddin
Noorul Absar
Noorul Ayn
Noorul Haq
Noorul Huda
Noorullah
Nooruz Zaman
Nooruzzaman
Noraiz
Nosherwan
Nour
Noureddine
Nuaim, Nuaym
Nuaym
Nuayum
Nubaid
Nuh, Nooh
Nuhaid, Nuhayd
Nujaym
Nu'maan
Numair
Numan
Nur
Nur al Din

Nur Firdaus
Nurani
Nuraz
Nurdeen
Nuri, Noori
Nur-ul-Qiblatayn
Nusayb
Nusayr
Nusrah, Nusrat
Nusrat
Nusratuddin
Nuzayh
Obaid
Omair
Omar
Omeir
Omran
Osama
Osman
Ossama
Ossamah
Othman
Owais
Pamir
Parsa
Parvaiz
Parvez
Parwez
Pasha
Pervaiz
Pir
Pirzada
Purdil
Qaadir

Qaaid	Qarib	Qudratullah
Qaasim	Qarin	Quds
Qabeel	Qaseem	Qudsi
Qabid	Qasid	Qudus
Qabil, Qabeel,	Qasidul Haq	Qudwa
Qaabeel	Qasif	Quraish
Qabir	Qasim	Qurban
Qabiz	Qasit/Qaasit	Qureshi
Qabool	Qaswarah	Qurratulayn
Qabus	Qatada	Qusay
Qadar	Qatadah	Qusta
Qaddur/Qaddoor	Qatawah	Qutaiba
Qadeer	Qati'i	Qutaybah, Qutaibah
Qadi	Qawee	Qutb
Qadim	Qawi	Qutbah
Qadir	Qays, Qais	Qutbuddin
Qahhar	Qayyam	Qutub
Qahir	Qayyim	Qutuz
Qahtan	Qayyum	Raadi
Qaid	Qazafi	Raafe
Qaim	Qazi	Raafi
Qais	Qidam	Raahil
Qaiser	Qismat	Raaid
Qalandar	Qiwam	Raaji
Qamar	Qiwamuddin	Raakaan
Qamaruddin	Quadir	Raakin
Qanbar	Quasim	Raamis
Qane	Qudamah	Raamiz
Qani/Qanee	Quddoos	Raashid
Qanit	Quddus	Raatib
Qaraja	Qudoos	Raazi
Qareeb	Qudrat	Rab

Rabah
Rabar
Rabb
Rabbani
Rabee
Rabees
Rabi
Rabia
Rabiah
Rabih
Rabit
Radi/Radhi
Ra'ed
Raeef
Raees
Raem
Rafan
Rafaqat
Rafay
Rafe
Rafee
Rafeed
Rafeek
Rafeeq
Rafi
Rafid
Rafif
Rafik
Rafik-Khan
Rafiq
Rafiqul Islam
Rafi-ud-Din
Ragheb
Ragheed

Raghib, Ragheb
Raghid
Raham
Rahat
Rahbar
Raheel
Raheem; Rahim
Raheesh
Rahib
Rahil
Rahim
Rahman
Rahmat
Rahmatullah
Rai
Ra'id, Raed, Raa'id
Raif
Raihaan
Raihan
Raiq
Rais
Raisuddin
Raiyan
Raja
Raja Al-Karim
Rajaa
Rajab
Rajah
Rajeel
Rajeh
Raji, Raajee
Rajih

Rajwan
Rakeem
Rakhshan
Rakin
Ramadan/Ramadhaan
Ramalaan
Rameez
Rami
Ramih
Ramin
Ramiz
Ramiz-ud-Din
Ramzi
Rana
Rani
Rao
Raonar
Raoushan
Raqib
Raqim
Raquib
Raseem
Rasesh
Rashaad
Rashad
Rashdan
Rasheed, Rashid
Rasheed-ud-Din
Rasheeq
Rashid
Rashiduddin

Rashiq
Rasikh
Rasil
Rasim
Rasin
Raslan
Rasmi
Rasool
Rasool Bux
Rasul
Rasul aidil
Rasul aidil
Rasul
Ratib
Ratiq
Rauf
Raunak
Ravoof
Rawaha
Rawahah
Rawdah
Rawh
Rawman
Rawza
Rayan
Rayees
Rayhaan
Rayhan
Rayn
Rayyaan
Rayyan
Raza

Razak

Razam

Razeen

Razi

Razin

Raziq

Razi-Ur-Rahman

Razzaq

Reda, Rida, Ridha

Reem

Reemaz

Rehaan

Rehaman; Rehman; Rahaman; Rahman

Rehan

Rehma

Rehman

Rehmat

Rehmat-ullah

Rehyaaz

Reza

Rezaul

Rezaul Karim

Riaz

Rib'i

Ribi'i

Rida

Ridha

Ridhwan

Ridwaan

Ridwan

Rifaah

Rifah

Rifat

Rihab

Risay
Rishan
Riyaal
Riyad, Riyadh
Riyasat
Riyaz
Riyazul Islam
Riyyan
Riza
Rizawan
Rizq
Rizq Allah
Rizvi
Rizwaan
Rizwan
Robeel
Rohail
Romail
Ronaq
Rooh
Roohul Amin
Roohullah
Roshan
Rowel
Ruhab
Ruhani
Ruhi
Ruhul Haq
Ruhul Qudus
Rukanah
Rukhailah
Rukham

Rukn
Ruknud Din
Rushan
Rushd
Rushdi
Rushil
Rustam
Ruwaid, Ruwayd
Ruwayfe
Ruwayfi
Ruwwad
Sabih, Sabeeh
Saabiq
Saabir
Saad
Saadah
Saadat
Saadi
Saadiq
Saaduddin
Saadullah
Saafi
Saafir
Saahir
Saaiq
Saajid
Saal
Saalih
Saalim
Saami
Saamir
Saaqib

Saariyah
Sab
Sabaah
Sabah
Sabahat
Sabaque
Sabat
Sabbir
Sabeeh
Sabeer
Sabih, Sabeeh
Sabil
Sabiq
Sabir, Sabeer
Sabit
Saboor
Sabri
Sabuh
Sabur
Saburah
Sad
Sad al Din
Sadaat
Sadad
Sadan
Sadaqat
Sadeed
Sadeem
Sadeeq
Sadi
Sadid
Sadik

Sadiq
Sadir
Sadit
Sadoon
Sadooq
Sadr
Sadruddin
Saduh
Saeeb
Saeed, Said
Saeeduz Zaman
Saeel
Safa
Safar
Safdar
Safeenah
Safeer
Saffah
Saffar
Safi
Safir
Safiuddin
Safiullah
Safiy
Safiy al Din
Safiy-Allah
Safiyy
Safiyyullah
Safuh
Saful Islam
Safulmulk
Safwaan
Safwah, Safwat
Safwan

Safwat
Sagar
Sagheer
Saghir
Saghir Ali
Sahab
Sahar
Saheim
Sahel
Sahib
Sahil
Sahir
Sahl
Sahm
Sahmir
Saib
Said, Sayyid
Saidah
Saif
Saif al Din
Saif, Sayf, Seif
Saifan
Saifuddin
Saiful Azman
Saiful Baari
Saiful Islam
Saifullah
Saim
Sair
Sa'irah
Saiyid
Saja

Sajal
Saji
Sajid
Sajidur Rahman
Sajjad
Sakeen
Sakha
Sakhan
Sakhawat
Sakher
Sakhi
Sakhir
Sakhr
Sakhrah
Saklain
Sakoot
Salaah
Salaahddinn
Salaam
Salabah
Salabat
Salah
Salah al Din
Salah Udeen
Salah
Salahuddin
Salah-ud-Din
Salam
Salama
Salamah
Salamat
Salamatullah

Salar
Salarjung
Saleel
Saleem
Saleemullah
Saleemuz Zaman
Saleet
Saleh, Salih
Salem
Salif
Salih
Salik
Salil
Salim, Saleem
Salit
Salmaan
Salman
Salsaal
Salsal
Salt
Sama
Samad
Samah
Samama
Saman
Samar
Samee
Sameed
Sameeh
Sameer, Samir
Sameeullah
Sameh

Sami
Samih
Samil
Samim
Samin
Samiq
Samir, Sameer
Samit
Samiy
Sammak
Samman
Samsaam
Samsam
Samurah
Sana
Sanad
Sanaubar
Sanaul
Sanaullah
Sanawbar
Sanie
Saniyy
Sa'ood
Saqaf
Saqeel
Saqer
Saqib
Saqif
Saqlain
Saqr
Saquib
Sarab
Sarae
Sarafat

Saramat	Sayuj	Shadaf
Sarar	Sayyar	Shadah
Sardar	Sayyid	Shadan
Sarfaraz	Seema	Shaddaad
Sarfraz	Seif	Shadeed
Sarim	Seif al Din	Shadhin
Sariyah	Seif, Sayf	Shadi
Sarkar	Shaady	Shadin
Sarmad	Shaaf	Shadman-Khan
Sarosh	Shaafi	Shafaat
Sartaj	Shaaheen	Shafay
Sarwar	Shaahir	Shafee
Sarwat	Shaamikh	Shafeeq
Sati	Shaamil	Shafi
Satih	Shaar	Shafin
Sattar	Shaariq	Shafiq, Shafeeq
Sauban	Shabaan	Shafiulla
Saud	Shabab	Shafqat
Saulat	Shaban	Shagufta
Sawa	Shabar	Shaguftah
Sawad	Shabaz	Shah
Sawlat	Shabb	Shah Alam
Sawwaf	Shabbar	Shah Jahan
Sayeed	Shabbeer	Shah Nawaz
Sayeshan	Shabbir	Shah Nawaz;
Sayf	Shabeeh	Shahnawaz
Sayf Udeen	Shabeer-Ali	Shahab
Sayfiyy	Shabi	Shahadat
Sayfullah	Shabib	Shahalad
Sayhan	Shabir	Shahan
Sayid	Shad	Shahan Shah
Sayooj	Shadab	Shaharyar

Shahbaz
Shaheed
Shaheem
Shaheen
Shaheer
Shaheryar
Shahid
Shahin
Shahiq
Shahir
Shahjahan
Shahnaaz
Shahnawaz
Shahnawaz
Shahrukh
Shahrul
Shahwar
Shahzad
Shahzada
Shahzaib
Shahzor
Shahzore
Shaibaan
Shaida
Shaik
Shaikh
Shaikhul Islam
Shailen
Shaiq
Shairyaar
Shaista
Shaizad
Shajan
Shajee

Shaji	Shamsheer	Sharjeel
Shakaib	Shamsideen	Shatir
Shakeel	Shams-ud-Din	Shaukat
Shakeyb	Shamsuddin-Khan	Shawaiz
Shakib	Shamsudduha	Shawal
Shakil	Shamsul	Shawkat
Shakir	Shams-Ul-Haq	Shawqi
Shakoor	Shamsuzzaman	Shayaan
Shakorun	Shamuel	Shayal
Shakur	Shan	Shayan
Shalabh	Shanawar	Shaybah
Shalik	Shaoor	Shayda
Shalin	Shaqeeq	Shaz
Shalina	Shaquita	Shazad
Shaline	Sharaf	Shazeb
Shallal	Sharafat	Shaziya
Shamal	Sharafuddin	Shees
Shamas	Sharafyab	Shehran
Shameel	Sharaheel	Shehroze
Shameem	Shardul	Shehryaar
Shamel	Shareef	Shehryar
Shamikh	Shareeh	Shehyar
Shamil	Shareek	Shehzaad
Shamim	Shareeq	Sher
Shamiq	Shariat	Sherafgan
Shammakh	Shariatullah	Sheraz
Shammas	Sharif, Shareef	Sheryar
Shammyn	Sharifuddin	Shibil
Shamoil	Sharifudin	Shibl
Shams	Sharim	Shibli
Shams al Din	Shariq	Shifa
Shamshad	Sharique	Shifwat

Shihaab
Shihab
Shihab al Din
Shihab
Shihabuddin
Shihad
Shiham
Shimah
Shiqdar
Shiraz
Shoaib
Shriranjan
Shua
Shu'aa
Shuaib, Shuayb
Shubool
Shufwat
Shuhrat
Shuja
Shujaa
Shujaat
Shujauddin
Shukr
Shukrallah
Shukri
Shumail
Shumayl
Shuneal
Shuqran
Shurahbeel
Shuraih
Shurayh
Shuraym
Siddeeqi

Siddiq
Siddique
Siddiqui
Siddiqullah
Sidqi
Sifarish-KhanSofian
Sifet
Siham
Sikandar
Silah
Silahuddin
Silan
Silm
Silmi
Simak
Sinan
Sinanuddin
Siraaj
Siraj
Siraj al Din
Sirajud Dawlah
Sirajuddeen
Sirajuddin
Siwar
Slaeet
Sofian
Sohaib
Sohail
Soham
Sohel; Sohail
Sohil
Sohrab

Sohum
Somood
Sonia
Souban
Souffian
Su`ud
Sual
Subah
Subahuddin
Subaih
Subayah
Subbooh
Subhan
Subhi
Subhy
Suboor
Sufi
Sufian
Sufyaan
Sufyan
Suhaan
Suhaem
Suhaib, Suhayb
Suhail, Suhayl
Suhaili
Suhaim, Suhaym
Suhayb
Suhayl
Suhayr
Suheb
Suhrab
Sulaimaan

Sulaiman
Sulaiman, Sulayman
Sulayk
Sulayman
Sulayt
Suleman
Sultaan
Sultan
Sumamah
Sumayya
Sumrah
Suoud
Suraqah
Surayj
Suroor
Surraq
Surur
Suud, Suoud
Suwailim
Suwaybit
Suwayd
Swab
Sydeek
Syed
Taafeef
Taaha
Taahid
Taahir
Taai
Taajuddeen
Taalib
Taalim

Taamir
Taanish
Taban
Tabarik
Tabassum
Tabbar
Tabeed
Tabish
Tabnak
Tabrez
Tafazzul
Tafazzul Husain
Tafheem
Taha
Tahawwur
Tahfeez
Tahib
Tahir
Tahleem
Tahmeed
Tahmid
Tahoor
Tahseen
Tahsin
Taib
Taif
Taifur Rahman
Taim Allah, Taym Allah
Taimoor
Taimoor-khan
Taimullah
Taimur
Taiseer
Taisir

Taj
Taj al Din
Taj Bakhsh
Tajammal
Tajammul
Tajammul Husain
Tajdar
Tajim
Tajmmul
Tajuddin
Tajul Islam
Tajwar
Talaal
Talab
Talal
Talat
Talha
Talhah
Tali
Talib
Talim
Talish
Taloob
Taloot
Talum
Talût
Tamam
Tamanna
Tameem
Tameez
Tamim
Tamir

Tamiz
Tamiz-ud-Din
Tamjid
Tamkanat
Tamkeen
Tammaam
Tammam
Tamton
Tamwar
Tanim
Tanveer
Tanvir
Tanweel
Tanweer
Tanwir
Tanzeem
Tanzil
Tanzilur Rahman
Taqaddam
Taqdees
Taqi
Taqiuddin
Taqiy
Taqiyy
Tarannum
Taraz
Tareef
Tareeq
Tarfah
Tarif, Tareef
Tariq
Tariq

Tarique
Tarub
Tasadduq
Tasadduq Husain
Tasawwar
Taseel
Taseen
Taseer
Tashbeed
Tasin
Taskeen
Taslim
Tasmeem
Tasneem
Tassadaq
Tatheer
Taufiq
Tauqeer
Tawbah
Tawfeeq
Tawfiq
Tawheed
Tawhid
Tawoos
Tawqir
Tawseef
Tawwab
Taym
Taymullah
Taymur
Tayseer
Taysir

Tayyeb
Tayyib
Tazam
Tazeem
Tazim
Tazimuddin
Tazneem
Tehseen
Thaabit
Thaamir
Thaaqib
Thabit
Tha'labah
Thalah
Thaman
Thamar
Thamer, Thamir
Thaqaf
Thaqib
Tharwan
Tharwat
Thauban
Thawab
Thawban
Thayer
Thumamah
Tihami
Tiraq
Tirmizi
Tobias
Tooba
Toqeer
Tufail
Tufayl

Tuhin
Tuhinsurra
Tulayb
Tunveer
Turab
Turhan
Turki
Ubaadah
Ubada
Ubadah, Ubaida,
Ubay
Ubaid
Ubaida
Ubaidah, Ubaydah
Ubaidullah
Ubay
Ubayd
Ubaydullah
Ubayy
Ubayyi
Udail, Udayl
Uday
Uddin
Uhban
Ukkasha
Ukkashah
Ula
Ulfat
Ulwan
Umaarah
Umar, Omar
Umarah

Umayr, Umair
Umayyah
Umdah
Umdatuddawlah
Umer
Umran
Unais
Unal
Unays
Uns
Unsar
Uqaab
Uqba
Uqbah
Urfee
Urmia
Urooj
Urwa
Urwah
Usaama
Usaamah
Usaid
Usaim, Usaym
Usama, Usamah
Usayd
Usman
Utbah
Uthal
Uthmaan
Uthman
Uwais
Uwayam

Uwaym
Uways
Uzair
Uzayr
Waahid
Waail
Waali
Waatiq
Wabisah
Wada
Waddaah
Waddah
Wadee
Wadeed
Wadi
Wadid
Wadood
Wadud
Wafa
Wafadar
Wafai
Wafaqat
Wafeeq
Wafi
Wafiq, Wafeeq
Wahab
Wahb
Wahban
Wahdat
Waheed
Wahhab
Wahhaj

Wahi
Wahib
Wahid
Wahiduddin
Wahiduzzaman
Wail
Wais
Waiz
Wajahat
Wajd
Wajdaan
Wajdan
Wajdi
Wajeeb
Wajeeh
Wajid
Wajih, Wajeeh
Wakalat
Wakcc
Wakeel
Wakil
Waleed, Walid
Wali
Walid, Waleed
Walif
Wali-ud-din
Waliullah
Waliy al Din
Waliy Allah
Waliyudeen
Waliyullah
Wallad
Walleed
Walliyullah

Wamaq
Waqaar
Waqar
Waqar
Waqas
Waqf
Waqid
Waqif
Waqiyy
Waqqad
Waqqas
Waraqah
Ward
Warid
Warif
Waris
Warith
Warqa
Wasay
Waseef
Waseem
Waseeq
Wasi
Wasidali
Wasif
Wasil
Wasilah
Wasim, Waseem
Wasimuddin
Wasiq
Watheq
Wathiq

Wazir
Wilan
Wilayat
Wildan
Wisaam
Wisam
Womiq
Wuhayb
Xander
Yaaemeen
Yaamin
Yaaseen
Yaasir
Yaasoob
Yaeesh
Yafi
Yaghnam
Yahya
Yahyaa
Yakta
Yakub-Khan
Ya'la
Yamak
Yaman
Yameen
Yamin
Yaqana
Yaqeen
Yaqoob
Yaqoot
Yaqub
Yaqzan

Yar
Yar Muhammad
Yasaar
Yasar, Yasser
Yaseen
Yasha
Yasin, Yaseen
Yasir
Yasra
Yasrib
Yasruddin
Yathrib
Yawar
Yazan
Yazeed
Yazid, Yazeed
Yoonus
Yoosuf
Yosoph
Younes
Younis
Youssef, Yusef,
Yusu
Yuhannis
Yuhans
Yumn
Yunis
Yunus, Yoonus
Yushua
Yusr
Yusri
Yusuf

Zaabit
Zaad
Zaafir
Zaahid
Zaahir
Zaaid
Zaakir
Zaamil
Zaarib
Zabba
Zabrij
Zackariya
Zaeem
Zafar
Zafeer
Zafir
Zafrul
Zagheem
Zaghlool
Zaheer
Zaheeruddawlah
Zaheeruddin
Zahhaak
Zahi
Zahid
Zahil
Zahin
Zahir
Zahoor
Zaib
Zaid, Zayd
Zaidaan
Zaigham
Zaim

<table>
<tr><td>Zaimuddin</td><td>Zamir</td><td>Zeenan-Khan</td></tr>
<tr><td>Zain, Zayn</td><td>Zamiruddin</td><td>Zeeshan</td></tr>
<tr><td>Zainuddeen</td><td>Zamurad</td><td>Zeeya</td></tr>
<tr><td>Zainuddin</td><td>Zamurah</td><td>Zeyad</td></tr>
<tr><td>Zainul Abidin</td><td>Zamzam</td><td>Zhobin</td></tr>
<tr><td>Zair</td><td>Zany al-Abidn</td><td>Zia</td></tr>
<tr><td>Zajil</td><td>Zarar</td><td>Ziad, Ziyad</td></tr>
<tr><td>Zaka</td><td>Zaray</td><td>Ziaud</td></tr>
<tr><td>Zakar</td><td>Zareef</td><td>Ziauddin</td></tr>
<tr><td>Zakaria</td><td>Zarf</td><td>Ziaul-Haq</td></tr>
<tr><td>Zakariya</td><td>Zarif</td><td>Ziaur Rahman</td></tr>
<tr><td>Zakariyya</td><td>Zaroon</td><td>Zihni</td></tr>
<tr><td>Zakawan</td><td>Zarrar</td><td>Zikr</td></tr>
<tr><td>Zakawat</td><td>Zashil</td><td>Zill</td></tr>
<tr><td>Zakee</td><td>Zauq</td><td>Zillullah</td></tr>
<tr><td>Zakhif</td><td>Zawaad</td><td>Zillur Rahman</td></tr>
<tr><td>Zaki, Zaky</td><td>Zawar</td><td>Zimar</td></tr>
<tr><td>Zakir</td><td>Zayaam</td><td>Zirgham</td></tr>
<tr><td>Zakiuddin</td><td>Zayan</td><td>Zirwah</td></tr>
<tr><td>Zakiy</td><td>Zayb</td><td>Ziryab</td></tr>
<tr><td>Zakoor</td><td>Zayd</td><td>Zishan</td></tr>
<tr><td>Zakwan</td><td>Zaydan</td><td>Ziyaad</td></tr>
<tr><td>Zalool</td><td>Zayer</td><td>Ziyad</td></tr>
<tr><td>Zamaam</td><td>Zaygham</td><td>Ziyada</td></tr>
<tr><td>Zamaar</td><td>Zayid</td><td>Ziyadatullah</td></tr>
<tr><td>Zaman</td><td>Zayn</td><td>Zohaib</td></tr>
<tr><td>Zaman Shah</td><td>Zaytoon</td><td>Zohair</td></tr>
<tr><td>Zameel</td><td>Zayyaan</td><td>Zoheb</td></tr>
<tr><td>Zameer</td><td>Zayyan</td><td>Zohoor</td></tr>
<tr><td>Zami</td><td>Zeb</td><td>Zohoorul Bari</td></tr>
<tr><td>Zamil</td><td>Zebadiyah</td><td>Zoraiz</td></tr>
<tr><td>Zamin</td><td>Zeebaq</td><td>Zoran</td></tr>
</table>

Zosar
Zubaid
Zubair, Zubayr
Zuehb
Zufar
Zuha
Zuhaib
Zuhair, Zuhayr
Zuhoor
Zuka
Zukauddin
Zukaullah
Zukaur Rahman
Zukhruf
Zukr
Zul
Zul Kifl
Zul Qarnayn
Zulaym
Zulfaqar
Zulfat
Zulfi
Zulfikkur
Zulfiqar
Zulkifl
Zulqarnain
Zunnoon
Zuraara
Zushimalain
Zuti

Namen für Mädchen

Aabidah
Aabirah
Aabish
Aadab
Aadila
Aaeedah
Aaeesha
Aafia
Aafiya
Aafreeda
Aafreen
Aaida
Aa'idah
Aaila
Aairah
Aaisha
Aakifah
Aala
Aaleyah
Aalia
Aalimah
Aaliya
Aaliyah
Aamaal
Aamal
Aamanee
Aamilah
Aamina
Aaminah
Aamira

Aamirah	Abeedah	Afaf
Aani Fatimah	Abeela	Afeefa
Aani Fatimah	Abeer	Afeerah
Khatoon	Abeera	Afia
Aania	Abeerah	Afifa
Aanisa	Abia	Afifah
Aanisah	Abidah, Abida	Afiyah
Aaqilah	Abir, Abeer	Afizah
Aara	Ablaa; Ablah, Abla	Afkar
Aarifa	Abqurah	Afnaan
Aarifah	Abra	Afnan
Aasia	Abrar	Afra, Afraa
Aasima	Abreshmina	Afraah
Aasimah	Ada	Afrah
Aasira	Adab, Aadab	Afreen
Aasiya	Adala	Afrin
Aasiyah	Adara	Afroz
Aasmaa	Adawiyah	Afroza
Aatifa	Adeeba	Afroze
Aatika	Adeela	Afsa
Aatikah	Adeelah	Afsana
Aatiqah	Adeena	Afsar
Aatirah	Adeeva	Afsar Ara
Aayaat	Adhraaa	Afshan
Aazeen	Adiba	Afsheen
Abal	Ad'ifaah	Afya
Abasah	Adilah, Adila,	Afza
Abbasa	Adeela	Agharid
Abda	Adiva	Aghsan
Abdah	Adla	Ahd
Abdia	Adn	Ahdaf
Abdul Basit	Afaaf	Ahdia

Ahlaam
Ahlam
Aidah, Aida
Aighar
Aila
Aimal
Aimen
Ain
Ain alsaba
Aini
Aisha
A'ishah
Aishah, Aisha, Ayishah
Aiya
Aiyla
Aiza
Aizah
Ajeebah
Ajlal
Ajrada
Ajradah
Ajwa
Akhtar
Akia
Akida
Akifa
Akifah
Akilah
Akleema
Aklima
Akshiti
Al Batra'a
Al Zahra
Ala', Aalaa

Al-Adur al-Karimah
Al-Adur al-Karimah
Alaia
Alam
Alam Ara
Alayna
Aleefa
Aleema
Aleemah
Aleena
Aleeza
Alesha
Alhan
Alhena
Alia
Aliah
Alifa
Alihat
Alika
Alima
Alimah
Alina
Alisha
Alishaba
Alishay
Alishba
Aliya
Aliyah, Aliyyah,
Alia, Alia
Aliza
Allanna
Alleyah

Alma
Almaas
Almaasa
Almas
Alraaz
Altaf
Altthea
Aludra
Alvina
Alya
Alyaa
Alyan
Alzubra
Ama
Amaal
Amaani
Amah
Amal, Amal, Aamal,
Amala
Amala
Amalia
Aman
Amana
Amanat
Amanee
Amani
Amany
Amara
Amatul Karim
Amatullah
Amaya
Ambara

Ambareen
Ambarin
Amber
Ambereen
Ambreen
Ambrim
Ameena
Ameenah
Ameera
Ameerah
Amel
Amelia
Amena
Amenah
Amila
Amilah
Amima
Amina
Aminah, Amineh,
Ameena
Amira
Amirah, Ameera
Amjad
Ammara
Ammarah
Amna
Amniyya
Amra
Amrah
Amreen
Amrozia
Amsah

Amtullah
Ana
Anadil
Anah
Anal
Anam
Anan, Anaan
Anat
Anaum
Anbar
Anbara
Anbarin
And
Andalah
Andaleeb
Andalib
Andlib
Aneeba
Aneeqa
Anees
Aneesa
Aneesah
Angbin
Anida
Anika
Anila
Aniqa
Anisah, Aneesa
Anisha
Aniya
Anja
Anjum
Anjuman
Anjuman Ara

Anmar
Anna
Annam
Anniyah
Annum
Anousha
Anqa
Ansam
Anum
Anwar, Anwaar
Anwara
Anwarah
Anya
Aoj
Aqdas
Aqeela
Aqeelah
Aqiba
Aqila
Aqilah
Aqsa
Ara
Aram
Areeba
Areebah
Areefa
Areej
Aresha
Arfa
Ariana
Aribah
Arifa

Arifah
Arij, Areej
Arisha
Arissa
Ariyya
Arjumand
Arjumnd Bano
Armin
Aroob
Arooj
Aroosa
Arouge
Aroush
Arsala
Arshia
Arshiya
Arub, Aroob
Arus
Arva
Arwa
Aryisha
Arzo
Arzoo
Arzu
Asah
Asalah
Asar
Asarat
Asbah
Aseela
Aseelah
Asfa

Asfaq
Asfia
Asfiya
Asgari
Asghia
A'shadieeyah
Ashalina
Ashbah
Ashbala
Asheeyana
Ashfina
Ashika
Ashmiza
Ashraf
Ashraf Jahan
Ashwaq
Asia
Asifa
Asil
Asila
Asilah
Asili
Asimah, Asima
Asiya, Asiyah
Asjad
Asli
Asma, Asma,
Asmaa
Asmahan
Asmara
Asmat
Asna

Asra
Asrar
Asriyah
Ateefa
Ateeqa
Ateeqah
Ateeyah
Atheer
Athilah
Athir
Athmah
Atia
Atif
Atifah, Atifa
Atifat
Atikah, Atika
Atiqa
Atiqah
Atira
Atiyah, Atiya
Atiyya
Attia
Atuf
Atyaf
Aushah
Awa
Awaatif
Awatif
Awda
Aya
Ayaana
Ayaat
Ayah, Ayeh
Ayan

Barika
Barirah
Barja'
Barjaa
Barkat
Barkha
Barrah
Barraqa
Barsa
Barzah
Basaaria
Basbas
Basbasah
Baseema
Baseera
Basemah
Bashair
Basharat
Bashasha
Basheera; Bashirah
Bashirah, Basheera
Basila
Basilah
Basima
Basimah, Baseema
Basinah
Basira
Basma; Basmah
Basoos
Bassama
Batina
Batla
Batool; Batul
Batrisyia

Batul, Batool
Bayan
Baysan
Bazala
Bazigha
Bazilah
Bazla
Bazm-Ara
Bazriqa
Beena
Beenish
Begum
Benazir
Bhajat
Bibi
Bilqis, Bilqees
Binesh
Binish
Birrah
Bisar
Bisharah
Bisma
Bismal
Budur
Buhaysah, Buhaisah
Buhayyah
Buhjah
Buhthah
Bujaybah
Bulbul
Bunan
Bunanah

Buqayrah
Burayka
Burdah
Burum
Busaina
Busayrah
Bushra
Bushrah
Busr
Busrah
Bustan
Buthaynah,
Buthainah,
Buthayna
Cala
Cantara
Chaman
Chanda
Chandni; Chandini;
Chandani
Chunna
Daajiyah
Daanah
Daania
Daanya
Daariyah
Dad
Dafiya
Dafiyah
Dahab
Dahma
Daiba

Dalaal, Dalal
Daleela
Dalia
Daliya
Daliyah
Danah
Daneen
Danish
Danish Ara
Daniya
Daniyah
Dara
Darakhshaan
Darakhshan
Daria
Dariya
Dariyah
Darkhshanda
Darra
Daulah
Dawha
Dawlah
Dawlat Khatoon
Dayfah
Deeba
Deema
Deena
Deenah
Delisha
Dema
Dhakirah
Dhakiyah

Dhuha
Dhuka
Dil
Dilara
Dildar
Dilkash
Dilruba
Dilshad
Dilshad Khatoon
Dima
Dimah
Dina
Diqrah
Diyanah
Doaa
Doha
Dua
Duaa
Duba'ah
Duha, Dhuha
Dujanah
Dunia
Dunya
Dunyana
Durafshan
Durar
Durdana
Durdanah
Dur-e-Shahwar
Durnave
Durr
Durra
Durrah
Durriya

Durriyah	Fadilah, Fadheela	Fakhra
Durriyya	Fadiyah	Fakhriya
Durriyyah	Fadwa	Fakhriyah
Easmatara	Fadwah	Fakhrun Nisa
Eiliyah	Fadyaa	Fakhtah
Eimaan; Eiman	Faeezah	Fakihah
Eliza	Faekah	Fakira
Ellena	Fahamitha	Falahat
Elma	Fahdah, Fahada	Falak
Eman	Faheemah	Falaknaz
Emma	Fahhama	Falaq
Enisa	Fahima; Faheemah	Faleha
Enny	Fahimah	Faliha
Eraj	Fahm	Falihah
Ereshva	Fahm Ara	Falisha
Erina	Fahmeeda	Famya
Ermina	Fahmida	Fanan
Erum	Faida	Fanila
Esha'al	Faidah	Faqiha
Eshal	Faiqa	Faqirah
Eshani	Faiqah	Fara
Eshmaal	Fairuzah	Faraah
Esita	Faiza, Faizah	Faraal
Ethibal	Faizah	Farah
Ezzah	Faizia	Faraza
Faariha	Fajr	Fareeda; Fareedah;
Faatin; Faatina	Fakeeha	Farida
Fadeelah	Fakeehah	Fareeha
Fadheela	Fakhar	Fareess
Fadhiya	Fakhira	Farha
Fadia	Fakhirah	Farhaana
Fadila	Fakhr	Farhah

Farhal
Farhana
Farhanah
Farhat
Farheen
Farhi
Farhina
Farhiya
Faria
Fari'ah
Farida
Faridah, Fareeda
Farihah, Fareeha
Farisha
Fariza
Farizah
Farkhandah
Farkhunda
Farqad
Farrukh
Farwa
Farwah
Faryal
Faryat
Farzana
Farzeen
Faseeha
Faseehah
Faseelah
Fasiha
Fasiya
Fateen
Fateena
Fateenah

Fatema
Fatheha
Fathi
Fathiya
Fat'hiyaa
Fathiyah
Fatiha
Fatim
Fatima; Fathima
Fatin or Fatinah
Fatina
Fatinah
Fatma
Fattana
Fauqiyah
Fauzia
Fawha
Fawiza
Fawqiyya
Fawz
Fawza
Fawzaana
Fawzah, Fawza
Fawzia
Fawziyah
Fawziyyah,
Fawziya,
Fayha
Fayrooz
Fayroz
Fayruz
Fayyaza

Fayza
Fazeela
Fazeelat
Fazeen
Fazila
Fazilatun Nisa
Fazluna
Fazzilet
Feekah
Feerozah
Feeza
Feheema
Fehmeeda
Feiyaz
Fellah
Femida
Fida
Fidda
Fiddah
Fikra
Fikriya
Fikriyah
Fikriyya
Fikriyyah
Fir
Firdaus
Firdausi
Firdaws, Firdoos
Firdous
Firdowsa
Firoza
Firyal

Fiza
Fizza
Fizzah
Foram
Forhana
Fouzia
Fozia
Foziah
Fuaada
Fuada
Fudayl
Fukayna
Funoon
Furat
Furaya
Furayah
Furaysa
Furoozan
Fusaylah
Fuseelah
Futun
Fuzail
Gaeti
Gaitha
Gazala
Ghaada
Ghaaliba
Ghaaliya
Ghada
Ghadah, Ghaada
Ghadeer
Ghadia

Ghadir
Ghafira
Ghaida
Ghaidaa
Ghalia
Ghaliba
Ghalibah
Ghaliya
Ghaliyah, Ghaaliya
Ghamza
Ghaneemah
Ghania
Ghaniya
Ghaniyah
Ghaniyya
Gharam
Ghareebah
Gharra
Ghashia
Ghasna
Ghassana
Ghatiya
Ghaya
Ghayda, Ghaydaa
Ghazaala
Ghazal
Ghazala
Ghazalah
Ghaziya
Ghaziyah
Ghibtah
Ghina
Ghitbah
Ghizala

Ghizlan
Ghufayrah
Ghufran
Ghumaysa
Ghumra
Ghunwa
Ghunwah
Ghunwah or
Ghunyah
Ghusn
Ghusoon
Ghusun, Ghusoon
Ghuzaila
Ghuzayyah
Golnar; Gulnar
Guhika
Gul
Gul Badan
Gul Bahar
Gul Barg
Gul Izar
Gul Rang
Gul Ru
Gul Rukh
Gulab
Gulbano
Gul-e-Rana
Gulika
Gulistan
Gulnar
Gulrez
Gulshan

Gulzaar
Haadiya
Haafiza
Haajar
Haajara
Haakima
Haala
Haamida
Haaniya
Haaritha
Haazima
Hababah
Habeeba
Habiba
Habibah, Habeeba
Hablah
Haboos
Hadaya
Hadbaa
Hadbaaa
Hadeel
Hadeeqa
Hadhiqah
Hadhirah
Hadia
Hadiah
Hadil
Hadiyah, Haadiya
Hadiyya
Hadiyyah
Hadyah
Haeda

Haemah
Hafa
Hafeeza
Hafeezah
Haffafa
Hafiza
Hafizah
Hafsa, Ucha
Hafsah, Hafsa
Hafthah
Hafza
Haibaa
Haifa, Hayfa
Haifaaa
Haimi
Haiza
Hajar
Hajara
Hajira
Hajjah
Hajna
Hajrah
Hajun
Hakeema
Hakima
Hakimah
Hala
Halah, Haala
Haleema
Haleemah
Halia
Halima

Halimah, Haleema
Hamaama
Hamama
Hamamah
Hamas
Hamda
Hamdan
Hamdiyah
Hamdoona
Hameeda; Hamidah
Hamida
Hamidah, Hameeda
Hamima
Hammada
Hamna
Hamnah
Hamra
Hamsa
Hana
Hanaaa
Hanaan
Hanan
Haneef
Haneefa
Haneefah
Hanfa
Hani
Hania
Haniah
Haniah
Hanifa, Hanifah, Haneefa
Hanin
Haniyah
Haniyyah, Haniya

Hanna
Hannah
Hannan
Hannuf
Hanoon
Hanoona
Hanyah
Hareem
Hareer
Harir
Harisa
Haroona
Hasana
Hasant
Haseeba
Haseefa
Haseena
Hashmat
Hasiba
Hasibah
Hasifa
Hasifah
Hasina
Hasinah
Hasnah, Hasna,
Hasna
Hasnat
Hassana
Hatima
Hawa, Hawwa
Hawadah
Hawazin

Hawiya
Hawla
Hawra
Hawraa
Hawwa
Haya, Hayaa
Hayaam
Hayah, Hayat
Hayam, Hayaam
Hayat
Haydara
Hayed
Hayfa
Hayrah
Hayud
Hazar
Hazeela
Hazeerah
Hazima
Hazimah
Haziqa
Haziqah
Hazirah
Hazzafa
Heba
Heela
Heena
Heer
Hejmana
Hela
Helena
Hena

Henna
Hessa
Heyam
Hiba
Hibah
Hibat Allah
Hibatullah
Hibba
Hibbah
Hidayah
Hidiyah
Hifza
Hijab
Hijrah
Hikma
Hikmah, Hikmat
Hilal
Hilala
Hilmiyya
Hilwana
Himaja
Himma
Hina
Hinaa
Hind
Hindah
Hira
Hirah
Hiral
Hishma
Hissa
Hitaishi

Hiwaaya
Hiyam
Hiza
Hoda
Hodan
Hoor
Hooria
Hooriya
Hooriyah
Hoorulain
Horia
Hoyam
Hubab
Hubayshah
Hubba
Huboor
Huda, Hooda
Hudun
Hujaymah
Hujayrah
Hujja
Hukaymah
Hulyah
Huma
Humaida
Humaila
Humaina
Humaira
Humairah, Humayrah
Humaydah
Humayra
Humayya
Humera
Hummaira

Humra
Hunaidah,
Hunaydah
Hur
Huriya
Huriyah, Huriyyah,
Hooriya
Huriyyah, Hooriya
Hurmat
Hurriya
Hurya
Husaina
Hushaima
Husn, Husna
Husn Ara
Husni
Husniya
Husniyah
Husniyya
Hussana
Hutaf
Hutun
Huwaidah,
Huwaydah
Huzuz
Iba
Ibadah
Ibadat
Ibrah
Ibrisam
Ibrisami
Ibriz

Ibthaj, Ibtihaj,
Ibtihaaj
Ibtihal
Ibtisaama
Ibtisam, Ibtisaam
Ibtisama
Idhar
Idrak
Iffah, Iffat
Iffat-Ara
Ifra
Ifrah
Iftikar
Iftikhar
Iftin
Iftinan
Ifza
Ighra
Ihaa
Ihab
Ihtisham
Iiham
Ijabo
Ijaz
Ijlal
Ijliyah
Ikhlas
Iklil
Ikraam
Ikram, Ikraam
Ikramiya
Ilaaf

Ilham, Ilhaam
Ilhan
Ilm
Ilmeeyat
Iltimas
Ilyas
Iman, Imaan
Imani
Imsaal
Imthithal
Imtihal
Imtinaan
Imtinan
Imtisal
Imtithal
Imtiyaz, Imtiyaaz
Inaam
Inaaya
Inam, Inaam
Inan
Inas
Inaya
Inayah, Inayat
Inayat
Inga
Insaaf
Insaf
Insha
Inshirah
Intessar
Intisar, Intisaar
Intisarat

Iqamat

Iqra

Iradat

Iraj

Iram

Irem

Irsa

Irtiza

Irum

Isa

Isad

Isaf

Isar

Isbah

Isha

Ishaal

Ishana

Ishani

Ishanvi

Ishfaq

Ishraq

Ishrat

Ishta

Ishya

Isir

Islah

Islam

Isma

Ismah, Ismat

Ismat

Ismat-Ara

Isood

Isra

Israa

Istabraq	Jahan Khatoon	Jannatul Firdaus
Istilah	Jahanara	Jareea
Itab	Jahdamah	Jariyah
Itaf	Jahida	Jaseena
Ithar	Jahmyyllah	Jasira
Itidal	Jahnavi	Jasmin
Itimad	Jahnvi	Jasmina
Itrat	Jaiyana	Jasra
Izaz	Jala	Jasrah
Izdihar, Izdihaar	Jalaja	Jassia
Izma	Jaleela	Javairea
Izz	Jaleelah	Javeria
Izz an-Nisa	Jaleesah	Jawa
Izza	Jalila	Jawahir
Izza an-Nisa	Jalilah	Jawda
Izzah	Jalpa	Jawedan
Izzat	Jalwa	Jawhara
Jaan	Jamal	Jawharah
Jabalah	Jamala	Jawl
Jabarah	Jameela	Jawna
Jabeen	Jameelah	Jaza
Jabin	Jameena	Jazeera
Jabirah	Jameerah	Jazibiyya
Jabrayah	Jamia	Jazira
Jada	Jamila	Jaziya
Jadeeda	Jamilah, Jameela	Jeelaan
Jadida	Jammana	Jehaan
Jadwa	Jana	Jehan
Jahaan	Janan, Janaan	Jemimah
Jahan	Janna	Jenna
Jahan Aara	Jannah	Jennah
Jahan Ara	Jannat	Jessenia

Jian
Jibla
Jihan
Jilan
Jinan
Johara
Joindah
Joodi
Jud
Judaala
Judamah
Judamnah
Judi
Juhaina
Juhainah, Juhaynah
Juhanah
Juhaymah
Juhi
Jumaana
Jumaima
Jumaina
Juman
Jumana
Jumanah, Jumaana
Jumaymah
Jumaynah
Jun
Junah
Junainah
Junayna
Juni
Junna
Junnut
Juveria

Juwairiya
Juwairiyah,
Juwayriyah
Juwan
Juwariyah
Kaamla
Kaatima
Kaazima
Kabeera
Kabeesha
Kabira
Kabirah
Kabshah
Kafiya
Kaheela
Kaheesha
Kahkushan
Kaia
Kaif
Kaifiya
Kaina
Kainat
Kakuli
Kaleemah
Kali
Kalila
Kalima
Kalsam
Kalsoom
Kaltham
Kamal
Kamaliyah

Kameela
Kamila
Kamilah
Kaneez
Kaneezah
Kaniz
Kanizah
Kanval
Kanwal
Kanz
Kanza
Kanzah
Karam
Karamat
karawan
Kardawaiyah
Kardawiyah
Karida
Karima
Karimah, Kareema
Kariman
Karma
Kas
Kashfiya
Kashida
Kashifah
Kashira
Kashish
Kashmira
Kashooda
Kashud
Kasirah

Kasool
Kasturi
Kathirah
Kaukab
Kaureen
Kausar
Kauser
Kawakib
Kawkab
Kawthar
Kayan
Kaysah
Kazima
Kehara
Kehkashan
Khaalida
Khabira
Khadija
Khadijah, Khadeeja
Khadra
Khair
Khaira
Khairah
Khairat
Khairiya
Khairun Nisa
Khaleela
Khalida, Khalidah
Khalilah
Khalisa
Khalisah
Khalwat

Khanam
Khansa
Kharijah
Kharqa
Khashar
Khashia
Khashifa
Khasiba
Khatera
Khatiba
Khatira
Khatoon
Khaula
Khawara
Khawla
Khawlah
Khayrah
Khayriyah, Khayriyyah, Khairiya
Khazanah
Khazeena
Khidrah
Khitam
Khitfa
Khudamah
Khudra
Khudrah
Khulaidah
Khulat
Khulaybah
Khuld
Khullat
Khulud, Khulood
Khunatha
Khurmi

Khursheed
Khurshid Jahan
Khusbakht
Khushbakht
Khushbu
Khuwailah
Khuwaylah
Khuzama
Khuzamah
Kiah
Kifaaya
Kifah
Kinaana
Kiran
Kishwar
Kiswar
Knaval
Kohinoor
Koila
Komal
Komila
Korina
Kouther
Kowaisah
Kuaybah
Kubra
Kuhaylah
Kulsoom
Kulthum, Kulthoom
Kulus
Kunza
Kurat-ul-Ain

Kuwaysah
Kwairah
Kyda
Kyna
Laila
Laaibah
Laaiqa
Laaiqah
Laal
Labeeba
Labeebah
Labiba
Labibah
Lafiza
Lahifa
Laiba
Laiha
Laila
Laiqa
Laiqah
Lakhsha
Lala
Lama
Lamah
Laman
Lamees
Lamia
Lamiah
Lamis, Lamees
Lamisa
Lamisah
Lamya, Lamya

Lana
Lanika
Laraib
Laseef
Lashirah
Latafat
Lateefa
Latifa
Latifah, Lateefa
Latimah
Lawaiza
Layaali
Layaan
Layali
Layan
Layina
Layla, Leila
Layyah
Lazim
Leem
Leen
Leena
Leila
Leilah
Leyla
Liba
Linah, Lina, Leena
Liyana
Liza
Lu Luah
Lubaaba
Lubab

Lubaba
Lubabah, Lubaaba
Lubaina
Luban
Lubana
Lubanah
Lubena
Lublubah
Lubna
Luja
Lujain, Lujayn
Lujaina
Luloah
Lulu
Lulua
Luluah, Lulwa
Luma
Luna
Lunah
Lutf
Lutfana
Lutfiya
Lutfiyya
Lutfun Nisa
Ma as-sama
Maab
Maahnoor
Maajida
Maali
Maariya
Maazina
Mabrooka
Mada
Madaniya

Madar	Mahibah	Maisaa
Madeeha	Mahin	Ma'isah, Maisa
Madhat	Mahinaw	Maisara
Madhia	Mahira	Maisarah
Madia	Mahirah	Maisha
Madiha	Mahjabeen	Maisoon
Madihah, Madeeha	Mahjooba	Maisoora
Maesa	Mahmooda	Maisun
Mah	Mahmoodatun Nisa	Maiyy
Mah Jabin	Mahmudah	Maizah
Mah Liqa	Mahnaz	Majda
Mah Naz	Mahneerah	Majdiya
Mah Noor	Mahnoor	Majdiyya
Mah Rukh	Mahparah	Majeeda
Maha	Mahreen	Majida
Mahaa	Mahrosh	Majidah, Majeeda
Mahabbah	Mahroz	Makarim, Makaarim
Mahala	Mahrukh	Makhtooma
Mahalfa	Mahtab	Makhtoonah
Mahasin	Mahtalat	Makkiyah
Mahbasah	Mahtob	Maktoonah
Mahbooba	Mahum	Maladh
Mahdeeya	Mahveen	Malaha
Mahdhoodha	Mahwish	Malaika
Mahdiya	Maida	Malaikah
Mahdiyah	Maimana	Malak, Malaeka
Maheen	Maimoona,	Malakah
Maheera	Maymunah	Malayeka
Mahek	Maimuna	Maleeha
Mahfoodha	Maimunah	Maleehah
Mahfooza	Maira	Maleeka
Mahfuzah	Mais	Maliha

Malika
Malikah
Malka
Malmal
Mamoona
Manaahil
Manaal
Manaar
Manaara
Manab
Manahel
Manahil
Manal, Manaal
Manar, Manaar
Manara
Mandal
Manfoosah
Manha
Manhalah
Mann
Mannana
Mansoora
Mansurah
Manzoora
Maqboola
Maqboolah
Maqsooda
Marab
Marah
Maram, Maraam
Mardhiah
Mardiyya
Marghuba
Marhabah

Maria	Mashaal	Mawzoona
Mariah	Mashal	May
Mariam, Maryam	Mashhuda	Maya
Marib	Mashia	Mayameen
Maridah	Mashkoora	Mayeda
Mariha	Mashmool	Mayesa
Mariya	Mashoodah	Maymanat
Mariyah	Masira	Maymoona
Mariyya	Masooda	Maymunah
Marjaana	Masooma	Mays, Mais
Marjan	Masoon	Maysa, Maysaa
Marjanah	Mas'ouda	Maysam
Marnia	Masroora	Maysarah
Maroofa	Masrurah	Maysoon
Marqooma	Massima	Maysoora
Marriba	Mastoora	Maysun, Maysoon
Maruff	Mastura	Mayyaada
Marwa	Masudah, Masouda	Mayyadah,
Marwah	Masumah	Mayyada
Maryam	Mateena	Mayyasah
Maryum	Mateenah	Mazeeda
Marziya	Matina	Mazida
Marziyah	Mausooma	Mazina
Marzooqa	Mawadda	Maziyah
Marzuqah	Mawaddah	Maznah
Mas	Mawahib	Mazneen
Masabeeh	Mawara	Medina
Masabih	Mawhiba	Meem
Masahir	Mawhooba	Meena
Masarrah	Mawiya	Meeza
Masarrat	Mawiyah, Mawiya	Mehak
Maseera	Mawsoofa	Mehanaz

Mehar
Meharunnisa
Mehbooba
Mehek
Meher
Meheroon
Meherunissa
Mehjabeen
Mehjibin
Mehk
Mehmuda
Mehnaz
Mehndi
Mehnoor
Mehr
Mehreen
Mehriban
Mehrish
Mehrnaz
Mehrun Nisa
Mehrunisa
Mehtab
Mehvesh
Mehvish
Mehwish
Meirul-Nisa
Memoona
Mena
Menaal
Mersiha
Meryam
Mevish
Meymona
Miah

Mibhaj	Moomal	Muhayya
Midhaa	Mouna	Muhibbah
Midhah	Mounia	Muhjah, Muhja
Midhat	Mounira	Muhjar
Mihr	Muaza	Muhra
Mina	Muazah	Muhsina
Minaal	Muazzama	Muhsinah
Minal	Muazzaz	Muida
Minna	Mubaaraka	Muizza
Minnah	Mubaraka	Mujaahida
Minoo	Mubashirah	Mujahida
Mirah	Mubashshara	Mukarram
Mirvat	Mubassirah	Mukarrama
Misaal	Mubeena	Mukhlisa
Misam	Mubeena	Mukhlisah
Misba	Mubeenah	Mukhtar
Misbaah	Mubin	Mulayka
Misbah	Mubina	Mulook
Misha	Mubinah	Mumayyaz
Mishael	Mudrika	Mumina
Mishall	Mueena	Muminah
Mishel	Mueerah	Mumtaaza
Miska	Mufazzalah	Mumtaz
Miskeenah	Mufeeda	Mumtaz Mahal
Mobena	Mufiah	Mumtaza
Mohaddisa	Mufidah, Mufeeda	Muna, Mona
Mohga	Mufliha	Munaam
Mohsana	Mugheesah	Munas Sabah
Mohsina	Mughirah	Munawar
Momina	Muhabbat	Munawwar
Mona	Muhariba	Munawwara
Monera	Muhayra	Munazza

Munazzah
Muneeah
Muneeba
Muneefa
Muneera
Muneerah
Munerah
Muniba
Munifa
Munira
Munirah, Muneera
Munisa
Munisah
Munize
Munjiyah
Muntaha
Munya
Munyatul Muna
Muqadaas
Muqaddasa
Muqbala
Muqbalah
Murdiyyah
Muriha
Murjanah
Murshida
Murshidah
Muruj
Musaddas
Musaddiqa
Musaddiqah
Musarrat
Musawat
Musaykah

Musfira
Mushahida
Musharrafa
Mushira
Mushirah, Musheera
Mushtaaqa
Mushtaqa
Mushtari
Muskaan
Muskan
Muslima
Muslimah
Musn
Musnah
Mussah
Mussaret
Mustaeenah
Mutahhara
Mutahharah
Mutazah
Muteea
Mutehra
Mutia
Muwaffaqa
Muyassar
Muzaina
Muzaynah
Muzeea
Muzna
Muznah
Myiesha
Myreen

Mysha
Nimah, Naeema
Nimat, Nimaat
Nimerah
Nimra
Nimrah
Nina
Nira
Nisa
Nisar
Nisha
Nishat
Nisma
Nisreen
Nisrin
Nissa
Nivin
Niyaf
Niyyat
Nofal
Nohreen
Noor, Nur
Noor al-Sabah
Noor Jahan
Noora
Noor-Al-Haya
Nooraniyah
Noorie
Noorien
Nooriya
Nooriyya
Noorjahan

Nooruddunya
Noorulain
Noor-ul-ann
Noorun Nisa
Nora
Noreen
Noreenah
Norhan
Noriza
Noshaba
Nosheen
Noshi
Noshin
Nouf
Noureen
Nu'aymah
Nuboogh
Nudar, Nudhar
Nudbah
Nudhar
Nudoora
Nudra
Nudrat
Nufaysah
Nuha
Nuhaa
Nujud, Nojood
Numa
Nunah
Nur al Huda
Nura
Nurah, Noorah

Nurayda
Nuriya
Nuriyah
Nurjahan
Nurjenna
Nuryn
Nusaiba
Nusaibah
Nusaybah
Nusayma
Nusrah
Nusrat
Nuwairah, Nuwayrah
Nuwayla
Nuwaylah
Nuwwar
Nuwwara
Nuwwarrah
Nuzar
Nuzha
Nuzhah
Nuzhat
Nyasia
Nyla
Obaidiyah
Ojala
Omera
Ooma
Orwiya
Ozra
Ozza
Pakeeza
Pakeezah
Pakiza

Pardaj
Pari
Parinda
Pariza
Parsa
Parveen
Parvin
Parvina
Parwin
Qaaida
Qabalah
Qabila
Qabilah
Qabool
Qadira
Qadr
Qadriyah
Qadriyyah
Qahira
Qaifa
Qailah
Qaima
Qamar
Qamar Jahan
Qamarun Nisa
Qamayr
Qameer
Qamra
Qamraaa
Qanaat
Qania
Qaniah

Qantara
Qanturah
Qaraah
Qarasafahl
Qareebah
Qarsafah
Qaseema
Qasiba
Qasima
Qasira
Qasoomah
Qaval
Qaylah
Qaymayriyah
Qaysar
Qayyima
Qindeel
Qirat
Qisaf
Qisma
Qismah
Qismat
Qiyyama
Quadriyyah
Qubilah
Quddusiyyah
Qudsia
Qudsiyah
Qudsiyya
Quraybah
Qurratul Ayn
Qurratulain

Qurrat-ul-ain
Qutaylah
Qutayyah
Raabia
Raabiya
Raadiya
Raafida
Raaida
Raameen
Raana
Raani
Raaniya
Raawiya
Rabab
Rabail
Rabbab
Rabbiya
Rabdaa
Rabeea
Rabeeha
Rabia
Rabiah, Rabeea
Rabiha
Rabita
Rabitah
Rabiya
Rabiyah
Rabwa
Radeyah, Radhiya
Radhia
Radhika
Radhiyaa

Radhwa
Radifa
Radiya
Radiyah, Radhiya
Radiyya
Radwa, Radhwa, Radhwaa
Raeesa
Raeesah
Raeha
Raeleah
Rafa
Rafah, Rafat
Rafal
Rafat
Rafeea
Rafeeah
Rafeeda
Rafeef
Rafeeha
Rafeeqa
Rafeeqah
Rafia
Rafiah
Rafida
Rafidah
Rafif
Rafiqa
Rafiqah
Rafraf
Raghad or Raghda
Raghada
Raghd
Raghda
Ragheeda

Raghiba	Raiqah	Ramziyah
Raghibah	Raisa	Ramziyya
Raghid	Raisah	Rana
Raghidah	Raita	Rand
Raha	Raitah	Randa
Rahaf	Raja, Raja	Raneem
Rahat	Rajab	Rani
Raheel	Rajia	Rania
Raheema	Rajiha	Ranim, Raneem
Raheemah	Rajini	Raniyah, Raniya
Raheeq	Rajiya	Ranya
Rahifa	Rajiyah	Raoom
Rahil	Rajwa	Raqia
Rahila	Rakhas	Raqiba
Rahilah	Rakheelah	Raqiqa
Rahima	Rakhima	Raqiyah
Rahimah	Rakhshan	Rasan
Rahiq	Rakhshanda	Rasee
Rahla	Rakhshi	Rasha
Rahma	Rakina	Rashaa
Rahmaa	Ramazan	Rashad
Rahmah	Rameen	Rashaqa
Rahmat	Rameesah	Rasheeda
Raida	Rameesha	Rasheedah
Raidah, Raaida	Ramia	Rasheeqa
Raifa	Ramidha	Rashida, Rasheeda,
Raifah	Ramisa	Rashidah
Raihaana	Ramla	Rashiqa
Raihana	Ramlah	Rasikha
Raima	Ramsha	Rasima
Raina	Ramza	Rasina
Raiqa	Ramzia	Rasmiya

Rasmiyah
Ratiba
Raudzah
Rauhah
Raunaq
Raunaq Jahan
Raushan
Raushan Ara
Raushan Jabin
Raushani
Rawah
Rawahah
Rawda
Rawdah, Rawdha
Rawhah
Rawhiyah
Rawia
Rawiah, Raawiya
Rawiyah
Rawza
Raya
Rayann
Rayhanah
Rayia
Rayna
Raytah
Rayya, Rayyaa
Rayyana
Razaana
Razan, Razaan
Razana
Razeena
Razia
Razina

Raziqa	Rihana	Rua
Raziya	Rija	Ruaa
Raziyah	Rijja	Ruba
Raziyya	Rim, Reem	Rubaa
Razwa	Rima, Reema	Rubaba
Reeha	Rimsha	Rubadah
Reeham	Rinaaz	Ruban
Reem	Riqbah	Rubay
Reema	Riyaz	Rubeina
Reena	Riza	Rubel
Reham	Rizeen	Rubi
Rehana	Rizqin	Rubina
Rehemat	Rizwan	Rubiya
Rehma	Rizwana	Rudainah,
Reja	Robeena	Rudaynah
Resha	Robina	Rufayah
Resham	Roha	Rufayda
Reshma	Rohaan	Ruhab
Reshma	Rohin	Ruhani
Reyah	Roma	Ruhaniya
Reyhana	Romana	Ruhee
Rezeya	Romeesa	Ruhi
Rida	Rona	Ruhina
Rifa	Roobi	Ruhiya
Rifaat	Roshan	Ruhm
Rifat	Roshana	Rukan
Rifaya	Roshanara	Rukayat
Riffat	Roshini	Rukhayam
Rifqa	Roshna	Rukhaylah
Rihaab	Roshni	Rukhi
Rihab	Roushana	Rukhila
Riham	Rozinah	Rukhsaar

Rukhsana
Rukhsanah
Rukhsar
Rukhsara
Rukhshana
Ruksana
Rumaana
Rumailah, Rumaylah
Rumaisa
Rumaithah, Rumaythah
Rumana
Rumayla
Rumaysa
Rumayta
Rumeha
Rumla
Rumman
Rummana
Runa
Ruqa
Ruqayqa
Ruqayqah
Ruqayya
Ruqayyah, Ruqaya, Rugayya
Ruquaiya
Ruqya
Rusayla
Rushd
Rushda
Rushdiya
Rutaiba
Ruwaa
Ruwaida
Ruwaidah, Ruwaydah

Ruwayda
Ruya
Ruyaa
Ruyah
Ruzaynah
Saabiqa
Saabira
Saadat
Saadia
Saadiya
Saaedah
Saafiyya
Saahira
Saaida
Saaiqa
Saajida
Saaleha
Saaliha
Saalima
Saamiqa
Saamiya
Saamyya
Saara
Saara
Saarah
Saat
Saba
Sabaa
Sabaaha
Sabah
Sabahat
Sabat

Sabburah
Sabeegah
Sabeeha
Sabeeka
Sabeen
Sabeena
Sabeera
Sabeeyah
Sabha
Sabih
Sabiha
Sabihah
Sabina
Sabiqa
Sabiqah
Sabira
Sabirah, Saabira
Sabita
Sabiya
Sabiyya
Sabohi
Sabooha
Saboora
Sabqat
Sabr
Sabreen
Sabria
Sabrin
Sabrina
Sabriya
Sabriyah
Sabriyya

Sabuh
Sabuhi
Sabura
Sadad
Sadaf
Sadah
Sadaqa
Sadaqat
Sadat
Sadeeqa
Sadi
Sadia
Sadiah
Sadida
Sadiqa
Sadiqah
Sadiya
Sadiyah
Sadoof
Sadooh
Saduq
Saeeda
Saeedah
Safa
Safaa
Safaaa
Safeenah
Safeerah
Saffanah
Saffiya
Safia
Safiya

Safiyya
Safiyyah, Safiya
Safoora
Safoorah
Safun
Safura
Safwa
Safwah
Safwana
Sagheerah
Saghira
Sahab
Sahana
Sahar
Saharish
Sahheeda
Sahibah
Sahimah
Sahina
Sahira
Sahirah
Sahlah, Sahla
Sahna
Sahrish
Saiba
Saibah
Saida
Saidah
Saihah
Saila
Saima
Saimah
Saiqa
Saira; Sairah

Sairi	Salmah	Samina
Sairish	Salsabil, Salsabeel	Samiqa
Saja	Salwa	Samira, Sameera
Sajaa	Salwah	Samirah, Sameera
Sajida	Sama	Samitah
Sajidah	Samaa	Samiun
Sajila	Samaah	Samiya
Sajiya	Samah, Samaah	Samiyah, Saamiya
Sajiyya	Samaira	Sammar
Sakeena	Saman	Samra
Sakeenah	Samana	Samraa
Sakeeza	Samar	Samrah
Sakha	Samara	Samreen
Sakhawat	Samarah	Samrina
Sakhira	Samawah	Samya
Sakhiya	Samawiyah	Sana, Sanaa
Sakina	Sameea	Sanaaa
Sakinah, Sakeena	Sameeah	Sanad
Salam	Sameeha	Sanah
Salama	Sameen	Sanam
Salamah	Sameena	Sanari
Saleema	Sameenah	Sanaubar
Saleemah	Sameera	Sangeet
Saleena	Sameh	Sanika
Saleshni	Samera	Saniya
Salifah	Sameya	Saniyah
Saliha	Samia	Saniyya
Salihah	Samiah	Sanjeeda
Salikah	Samiha	Sanjeedah
Salima	Samihah, Sameeha	Saqaafa
Salimah, Saleema	Samim	Saqat
Salma	Samima	Saqiba

Sara
Sarab
Sarah
Sarahat
Sarahna
Sareea
Sareema
Sariba
Sarika
Sarina
Sarish
Sariyah
Saroj
Sarood
Saroor
Sarra
Sarrah
Sarrinah
Sartaj
Sarvia
Sarwa
Sarwana
Sarwar
Sarwari
Sarwat
Sarwath
Sarya
Sataish
Satila
Satta
Sauda, Sawdah
Savaira
Sawab
Sawada

Sawda	Shaakira	Shafiqah
Sawdah	Shaamila	Shafqat
Sawsan	Shabab	Shagoofa
Sayali	Shaban	Shagoon
Sayeeda	Shabana	Shagufta
Sayida	Shabeeba	Shaguftah
Sayidatun Nisa	Shabeeha	Shahaada
Sayyah	Shabeehah	Shahaama
Sayyidah	Shabina	Shahaba
Sazia	Shabnam	Shahada
Sbahat	Shad	Shahamat
Seem	Shadaab	Shahana
Seema	Shadha, Shadhaa	Shaharun
Seemal	Shadhiyah	Shahd
Seemeen	Shadia	Shahed
Seemin	Shadin	Shaheeda
Seerat	Shadiya	Shaheema
Seeta	Shadiyah	Shaheen
Seetha	Shadman	Shaheenah
Seham	Shadmani	Shaheera
Seher	Shaesta	Shaheerah
Sehr	Shafaat	Shaherbano
Sehrish	Shafana	Shahida
Seleena	Shafaq	Shahidah
Selina	Shafath	Shahina
Senada	Shafeea	Shahinaz
Senait	Shafeeqa	Shahiqa
Sfiyah	Shafeeqah	Shahirah
Shaadiya	Shaffan	Shahla
Shaafia	Shafia	Shahlah
Shaahida	Shafiah	Shahmeen
Shaahira	Shafiqa	Shahnaaz

Shahnaz
Shahnoor
Shahra
Shahrazad
Shahrbano
Shahreen
Shahrin
Shahrzadah
Shahzaadee
Shahzadi
Shahzana
Shaiba
Shaidah
Shaila
Shaima
Shaimaaa
Shaira
Shairah
Shaista
Shaistah
Shajarah
Shajaratuddurr
Shajeea
Shajee'ah
Shakeela
Shakeelah
Shakila
Shakini
Shakira
Shakirah
Shakoora
Shakura
Shakurah
Shalbiyyah

<table>
<tr><td>Shalimar</td><td>Shanika</td><td>Shayla</td></tr>
<tr><td>Shama</td><td>Shanum</td><td>Shayma, Shaymaa</td></tr>
<tr><td>Shamaail</td><td>Shanza</td><td>Shaza</td></tr>
<tr><td>Shamail</td><td>Shanza</td><td>Shazana</td></tr>
<tr><td>Shamailah</td><td>Shanzay</td><td>Shazfa</td></tr>
<tr><td>Shamama</td><td>Shanze</td><td>Shazia</td></tr>
<tr><td>Shamamah</td><td>Shaqeeqa</td><td>Shaziya</td></tr>
<tr><td>Shamayla</td><td>Shaqeeqah</td><td>Shaziyy</td></tr>
<tr><td>Shameela</td><td>Shaqiqa</td><td>Shazmah</td></tr>
<tr><td>Shameem</td><td>Shaqra</td><td>Shazmin</td></tr>
<tr><td>Shameema</td><td>Sha'Quarria</td><td>Shazneen</td></tr>
<tr><td>Shameemah</td><td>Sharaf</td><td>Sheeba</td></tr>
<tr><td>Shameena</td><td>Sharayah</td><td>Sheema</td></tr>
<tr><td>Shamikh</td><td>Shareefa</td><td>Sheen</td></tr>
<tr><td>Shamikha</td><td>Shareekah</td><td>Sheenaz</td></tr>
<tr><td>Shamila</td><td>Shareen</td><td>Sheerin</td></tr>
<tr><td>Shamila</td><td>Sharfa</td><td>Sheeza</td></tr>
<tr><td>Shamilah</td><td>Sharifa</td><td>Shehla</td></tr>
<tr><td>Shamim</td><td>Sharifah, Shareefa</td><td>Shehr bano</td></tr>
<tr><td>Shamima</td><td>Shariqah</td><td>Shehzadi</td></tr>
<tr><td>Shamimara</td><td>Sharleen</td><td>Sheila</td></tr>
<tr><td>Shamis</td><td>Sharleez</td><td>Shela</td></tr>
<tr><td>Shamma</td><td>Sharmeela</td><td>Shellah</td></tr>
<tr><td>Shamoodah</td><td>Sharmeen</td><td>Shenaz</td></tr>
<tr><td>Shams</td><td>Sharmin</td><td>Shephali</td></tr>
<tr><td>Shamsa</td><td>Sharnaz</td><td>Sherana</td></tr>
<tr><td>Shamshad</td><td>Shasa</td><td>Shereen</td></tr>
<tr><td>Shamsia</td><td>Shasmeen</td><td>Sheyla</td></tr>
<tr><td>Shamsun Nahar</td><td>Shasun Nahar</td><td>Sheza</td></tr>
<tr><td>Shamsun Nisa</td><td>Shatha</td><td>Shezan</td></tr>
<tr><td>Shamuda</td><td>Shaveena</td><td>Shifa</td></tr>
<tr><td>Shanaz</td><td>Shawq</td><td>Shihaam</td></tr>
</table>

Shiham
Shillan
Shimaa
Shimah
Shimaz
Shinat
Shireen
Shireen; Shirin
Shirin
Shiya
Shiyaaj
Shiyam
Shiza
Shola
Shua
Shuaila
Shuba
Shudun
Shuhaymah
Shuhda
Shuhrah
Shuhrat
Shujana
Shukr
Shukrah
Shukriyah
Shukriyya
Shumaila
Shumaila
Shumaisiya
Shumaylah
Shumaysa
Shumaysah
Shuqra

Shurafa	Smera	Sufia
Shurafa	Sobaika	Sufiya
Shurooq	Sobia	Sugharan
Shuruq	Sobiya	Sughra
Shyreen	Sofia	Suha
Sibal, Sibaal	Soha	Suhaa
Siddeeqa	Sohana	Suhaad
Siddiqa	Somaya	Suhaana
Siddiqah	Somia	Suhaila
Siddra	Somila	Suhailah, Suhaylah
Sidra	Somna	Suhaima
Sidrah	Sonia	Suhaimah,
Sifoor	Sophia	Suhaymah
Siham, Sihaam	Soraiya	Suhair, Suhayr
Silma	Soraya	Suhana
Silmi	Sorfina	Suhayla
Sima	Souad or Su'ad	Suhaylah
Simaab	Souhayla	Suhayma
Simah	Souhayla	Suhaymah
Simin	Suad, Souad	Suhayr, Suhair
SimiSimky	Subaha	Suheera
Simone	Subayah	Suja
Simra	Subaytah	Sujah
Simrah	Subbiha	Sukaina
Sirah	Subh	Sukainah, Sukaynah
Sireen	Subhaan	Sukayna
Sirin, Sireen	Subhah	Sukaynah
Sitaara	Subhana	Sulabha
Sitara	Subhiyah	Sulafa
Sitarah	Subuhi	Sulafah
Sitwat	Suda	Sulaima
Siyana	Sudi	Sulama

Sulayma
Sultana
Sulthana
Sulwa
Sumaira, Sumayra
Sumaita
Sumaiya
Sumaiyah, Sumayyah
Sumamah
Sumanah
Sumara
Sumaya
Sumayrah
Sumaytah
Sumayyah, Sumaiya
Sumbal
Sumbul
Sumbula
Sumera
Sumia
Sumia
Sumiya
Suml
Sumlina
Summan
Summar
Summaya
Summayyah
Sumnah
Sumra
Sumrah
Sunat
Sunbul
Sunbula

Sundas
Sundus
Sunya
Sura, Suraa
Suraiya
Suraya
Surayya
Surosh
Surraya
Susan
Suwaybah
Suwera
Swiyyah
Taabeer
Taadeel
Taahira
Taalea
Taalia
Taaliah
Taaliba
Taamira
Taaqul
Taasees
Tabalah
Taban
Tabassum
Tabasumm
Tabeedah
Tabeen
Tabinda
Tafida
Taghreed

Taghrid
Tahaani
Tahajeeb
Tahani
Tahera
Tahfeem
Tahira
Tahirah, Taahira
Tahiya
Tahiyah
Tahiyat
Tahiyya
Tahkeem
Tahleela
Tahleem
Tahlibah
Tahmina
Tahoora
Tahseen
Tahseenah
Taiah
Taiba
Taibah
Taif
Taima, Tayma
Taisir
Taj
Tajmeel
Tajweed
Takiyah
Takreem
Tala

Talah, Taalah
Talat
Talbashah
Talhah
Tali
Taliba
Talibah
Tamadhur
Tamadur
Tamanna
Tamanni
Tamara
Tamazur
Tameema
Tameemah
Tameemiya
Tameen
Tameez
Tamkeen
Tammanna
Tamseel
Tanaz
Tania
Tanisha
Tanjia
Tansin
Tanweer
Tanzeela
Tanzila
Taqadus
Taqiya
Taqiyah

Taqiyya
Taqwa, Taqwaa
Tara
Taraab
Tarannum
Tareefa
Tarib
Tarifa
Tarik
Tariqah
Tarique
Tarneem
Tarub, Taroob
Tarz
Tasavur
Taseefa
Tasheen
Tasiyah
Taskeen
Tasleem
Taslima
Tasliymah
Tasmeekh
Tasmeem
Tasmin
Tasneam
Tasneema
Tasnim
Tasweeb
Tatheer
Taufeeq
Taufeer
Tauqeer
Tawaddud

Tawbah	Tharya	Turfa
Tawfeeqa	Thashin	Umm-e-abeeha
Tawfiqa	Thawab	Umm-ul-banin
Tawheeda	Thazeen	Ushta
Tawoos	Thoraya	Ubab, Ubaab
Tayaba	Thubaytah	Ubah
Taybah	Thufailah	Ubayda
Tayebba	Thumamah	Udaysah
Tayyiba	Thuml	Udoola
Tayyibah	Thuraiya, Thurayya	Ugbaad
Tayyibatun Nisa	Thuraya	Uhud
Tazeen	Thuwaibah,	Ujala
Tazim	Thuwaybah	Ula
Tazima	Thuwaybah	Ulfah
Tazkia	Tiba	Ulfat
Tazmeen	Tibah	Ulya
Tehmeed	Tibna	Ulyaa
Tehreem	Tibyan	Uma
Tehzeeb	Tirana	Umah
Thaabita	Tisha	Umaima
Thaamira	Tooba	Umaira
Thabitah	Toufika	Umaiza
Thahera	Trana	Umama
Thalat	Tuba, Tubaa	Umamah
Thaman	Tubassum	Umarah
Thamina	Tufaylah	Umayma
Thaminah	Tuhfa	Umaymah
Thamra	Tulaiha	Umaynah
Thana, Thanaa	Tulayhah	Umayrah
Tharwa	Tumadur	Umayyah
Tharwah	Tumazir	Umm
Tharwat	Tuqa, Tuqaa	Umm Abaan

Umm Fakeeh
Umm Hani
Umm Haraam
Umm Kalthum
Umm Khalid
Umm Kulthum
Umm Rabeeah
Umm Ruman
Umm Shareek
Umm Sulaim
Umm Umarah
Umm Warqah
Umm Yousuf
Ummayyah
Umm-e-abeeha
Umm-e-Ayman
Umm-e-Fazl
Umm-e-Habiba
Umm-e-Hani
Umm-e-Kulsoom
Umm-e-Kulsum
Umm-e-Rooman
Umm-e-Rumman
Umm-e-Salma
Umm-e-Salmah
Ummid
Ummu Kulthoom
Ummul Fazal
Umm-ul-banin
Umnia
Umnia
Umniya
Umniyah
Umrah

Umrana	Wadi	Wajihah, Wajeeha
Unaysah	Wadiah	Wajna
Unaza	Wadida	Wakalat
Uncu	Wafa, Wafaa	Wakeela
Unquda	Wafaaa	Wakeelah
Unsa	Wafeeqa	Wala, Walaa
Urooba	Wafia	Waleeda
Urooj	Wafiqa	Walia
Uroosa	Wafiqah, Wafeeqa	Walidah
Urshia	Wafiya	Walihah
Urshia	Wafiyyah, Wafiya	Waliyya
Urwa	Wafiza	Wallada
Usaimah, Usaymah	Wagma	Walladah
Ushna	Wahabah	Waneesa
Ushta	Wahbiyah	Wania
Uswa	Waheeba	Waniya
Utaybah	Waheebah	Waniyya
Uwaisah, Uwaysah	Waheeda; Wahida	Waqar
Uzma	Wahiba	Waqeea
Valika	Wahibah	Waraqa
Valiqa	Wahida	Warda, Wardah,
Vardah	Wahidah	Worda
Varisha	Wahuj	Wardah, Wordah
Waajida	Waiya	Wardiyya
Waajidah	Wajahat	Wareesha
Wabisa	Wajd	Warifa
Wad	Wajdiyya	Warisa
Wadad	Wajee	Warithah
Waddia	Wajeeda	Warizah
Wadeea	Wajeeha	Warqa, Warqaa
Wadeeda	Wajida	Warqah
Wadha, Wadhaa	Wajiha	Warsan

Wasama
Waseefah
Waseema
Waseemah
Wasfiyah
Washida
Washma
Wasia
Wasifa
Wasifah
Wasifi
Wasila
Wasilah
Wasima
Wasimah
Wasiqa
Wasma
Wasmaaa
Wasna
Wateeb
Watheema
Wathiqa
Watiaa
Wazeera
Wazeerah
Wazha
Wiam
Wid
Widad, Widaad
Widdad
Wifaq
Wijdan
Wisal, Wisaal
Wisam, Wisaam

Wiyyam	Yasna	Zaheen
Wurud	Yassaman	Zaheera
Yafiah	Yelda	Zaheerah
Yusraa	Yumn	Zahia
Yaasmeen	Yumnah, Yumna	Zahida
Yaasmeena	Yusayrah	Zahidah
Yafia	Yusra, Yusraa	Zahira
Yafiah	Yusriyah	Zahirah
Yakootah	Yusriyya	Zahiya
Yakta	Yusur	Zahra, Zahraa
Ya'laa	Zarin	Zahraaa
Yalina	Zaafira	Zahrah
Yalqoot	Zaahira	Zahratun Nisa
Yamama	Zaahirah	Zahwah
Yamamah	Zaaida	Zaiah
Yameena	Zaaminah	Zaib
Yamha	Zaara	Zaiba
Yamiha	Zabiyah	Zaibunissa
Yamina	Zabreen	Zaid
Yaminah	Zabya	Zaida
Yaqoot	Zaeemah	Zaima
Yara	Zafeera	Zain, Zayn
Yarah	Zafeerah	Zaina
Yariqa	Zafira	Zainab, Zaynab
Yashal	Zafirah, Zaafirah	Zaira
Yasim	Zafreen	Zairah
Yasirah	Zaghlula	Zaiton
Yasmeenah	Zaha	Zaitoon
Yasmin, Yasmeen	Zahabia	Zaitoona
Yasmina	Zahabiya	Zaitun
Yasmine, Yasmin,	Zahara	Zaituna
Yas	Zahbia	Zakia

Zakira
Zakirah
Zakiya
Zakiyaa
Zakiyah
Zakiyya
Zakiyyah
Zalfa
Zameelah
Zameena
Zamrud
Zamzam
Zanub
Zanubiya
Zanyah
Zaqawat
Zara
Zarafat
Zareefa
Zareen
Zareena
Zareenah
Zarifah
Zarin
Zarina
Zarinyan
Zariya
Zariyah
Zarma
Zarmina
Zarqa
Zarqaa
Zarrah
Zarrah

Zarreena
Zartaj
Zarwa
Zawiya
Zayaan
Zayb
Zayba
Zayn
Zaynab
Zaynah, Zaina
Zaytoon
Zaytoonah
Zeb Ara
Zeba
Zeb-un-Nisa
Zee Shan
Zeena
Zeenat; Zinat
Zehba
Zehna
Zehra
Zenia
Zerah
Zerina
Zhalay
Zia
Ziba
Zilal
Zinaat
Zinah, Zinat
Zinat
Zinat-un-Nisa

Zineta
Zinneerah
Ziram
Ziya
Ziyada
Ziyan
Zoeya
Zoha
Zoharin
Zohha
Zohura
Zonira
Zorah
Zoufishan
Zoya
Zubaah
Zubaida
Zubaidah
Zubaria
Zubash
Zubayda
Zubaydah
Zubdah
Zubi
Zueinah
Zuha, Zuhaa
Zuhaira
Zuharah
Zuhayra
Zuhera
Zuhra
Zuhrah

Zuhrah
Zuhriyaa
Zuhur
Zulaikha
Zuleika
Zulekha
Zuleyka
Zulfa
Zulfah
Zumruda
Zumurrud
Zumurruda
Zumzum
Zunaira
Zunairah
Zurafa
Zykaraya
Zynah
Zyva

Vielen Dank, dass Sie sich für dieses islamische Babynamenbuch entschieden haben. Bitte erzähle deinen Freunden davon und hilf Muslimen, die perfekten Namen für ihre Neugeborenen zu finden.

Wenn Ihnen dieses Buch gefallen hat, hinterlassen Sie bitte eine Rezension.

ma'aasalaama